U0139968

マンガでわかる! すぐに使えるNLP

漫畫圖解

立即可用的NLP

激發潛能、完美溝通、成就自己想要的未來

藤川とも子◎著　　陳光棻◎譯
美國NLP協會認證訓練師&教練

前言

大家好，感謝您選擇了這本書。

相信各位心中都有許多疑問，例如：

「偶爾會看到或聽到NLP這個詞，它究竟是指什麼？」

「曾經聽說NLP是一種溝通的工具，到底它能用在什麼樣的場合呢？」

「據說它是心理學的一部分，那它和諮商或教練訓練（coaching）的關係是什麼呢？」

日常生活中，要在一直不跟任何人對話的狀態下度日，是難上加難。溝通是維持社會生活不可或缺的一部分，但有時明明是同樣的發言與態度，卻不免有覺得話不投機、做了球對方卻沒接住、對話難以進行的狀況。

在這樣的場景裡，當下的一瞬間蘊含了許多要素，而且我們是很直覺地分析了這樣的感覺也說不定。

人與人之間是透過語言和文字來溝通，而發言當中還蘊含了許多訊息，例如低聲、輕聲、慢條斯理說話的樣子，或是各具風格的說話方式、行為舉止等，能夠盡可能正確接收並傳遞這些訊息的方法，就在NLP。

最初我會接觸到NLP，是因為在尋找因應諮商者的有效溝通方法，以及希望能夠避免諮商太過嚴肅的技巧。

很多時候，由於諮商內容涉及過去的痛苦回憶，因此讓人難以踏出下一步，而且諮商的模式通常是諮商者得要不斷重複述說這些經驗。

但我個人希望把重點放在今後該怎麼做才好這種「向前看的話題」，而不是追究過去的原因，反而更因此強化了無法踏出下一步這件事。有沒有什麼方法能夠讓諮商者把過去的「回憶重擔」放下，促使他們邁出下一步呢？正當我在思索這個問題時，認識了NLP。

當時，我並不熟悉NLP中所使用語彙的意義，還到書店找了解說相關專業用語的書籍。現在說來好笑，但或許是「程式設計」（programming）這個字眼引人誤會，當時ＮＬＰ（神經語言程式學）的書竟然被放在電腦相關書籍的櫃位上。

我找到的書，內容都很專業，看似能活用在各個方面，卻無法立即運用自如。不過，的確有某些部分讓我覺得「恍然大悟」，所以我決定先好好學會它們。

在教育的第一線，我明白了視線游移不定的學生一定有什麼問題，卻不明白那個問題究竟是什麼。此外，即便教師傳達了接下來要做的事，但有時說一次學生就懂了，有時又不行。到底該怎麼做才不必說了又說，學生就能明白呢？這類的種種疑問，就在我試著了解ＮＬＰ的過程中慢慢地解開了。

在接觸新事物或學習時，我的內心都會展開「這不熟悉的說法究竟是什麼意思？」「雖然現在無法確切地理解，但會不會慢慢就能理解了呢？」這類的對話。

拿起這本書的讀者當中，或許有些人也是這麼想的。

透過書籍學習時有兩種方法，一種是按部就班一點一點地往下讀、慢慢地累積知識，另一種則是先粗略地讀完全書後，再針對部分深入挖掘。

這次請各位先一口氣讀完，試著掌握整體的樣貌。接著，再一邊閱讀在意的部分，一邊嘗試實踐，相信這樣能讓你實際感受到許多不同的東西。

已經開始閱讀這本書的你，手裡正握著通往目的地的車票。而且，就像行進中的列車窗外變化萬千的景色一般，相信這本書也會帶給你各式各樣的相遇。

有時你會和自己對話、會自問，有時還會跟鄰座的人交談。溝通有兩種方向，不是只有和別人，也包括了和自己的，都會反映出對話的內容，顯現出結果。

每個人手中車票的目的地想必各不相同。從起站開始，就連搭乘列車的種類也不盡相同，可能是各站都停的普通車、快車或特快車。若是以東海道新幹線來說的話，就有可能是回聲號（Kodama）、光速號（Hikari）或希望號（Nozomi）等不同車種。

希望現在的你，在「NLP的旅程」中，能夠享受「成為理想的自己」的過程。

所有的一切都不會停在那裡，而是持續活動的。由於不斷地持續變化，有時候第一次相遇時視而不見的事物，在下一次相遇時才會明白：「原來是這樣啊！」一切都會來得正是時候。

衷心希望各位透過本書，能在那一刻遇見你所需要的。

最後，拜NLP訓練師前輩們之賜，我有幸在佛羅里達接受創辦人理查・班德勒（Richard Bandler），在日本則是接受另一位創辦人約翰・葛瑞德（John Grinder）的訓練師訓練。後來，也有機會從克莉絲汀娜・何（Christina Hall）和理查・博爾斯塔（Richard Bolstad）身上，學習到NLP的種種樣貌。此外，和許多NLP訓練師夥伴、NLP學習者之間的交流，也讓我的學習更為深入。

撰寫本書之際，在插畫部分承蒙橫井智美小姐，在編輯部分承蒙渡邊稔大先生、中尾淳先生的鼎力支援。真的由衷感謝各方的大力相助。

二〇一八年八月

藤川とも子

目次

第二章 用NLP提升對話技巧

第三章　運用NLP，讓身心煥然一新

第四章　應用NLP，穩健達成目標

第五章 NLP活用時間管理法

序章

NLP 的基礎知識

0-1 認識NLP的由來

能夠活用大腦與精神的心理學

NLP是Neuro Linguistic Programming的簡稱，直譯為**「神經語言程式學」**。

N（Neuro）是「神經」，在此代表「五感」。我們透過視覺、聽覺、身體感覺、嗅覺、味覺這五感來體驗事物。舉例來說，我們在吃咖哩飯時，用視覺和嗅覺感受到「看似美味的咖哩飯」，也會運用聽覺、身體感覺、味覺來品嚐。

L（Linguistic）是「語言」。對於以五感體驗到的資訊，使用語言賦予意義並進行思考，是人類的特性。我們在吃咖哩飯時，會把資訊轉換成「辛辣的香氣」、「蔬菜很有嚼勁」之類的語言。

P（Programming）是「程式」。人類是以語言為基礎來製作程式，然後根據這個程式行動。

程式是一個人感情與行動的模式。喜歡咖哩的人，體內早已內建了看到咖哩時就會覺得「美味」、「超喜歡」的程式。

NLP是以「神經」、「語言」、「程式」三者的關係為基礎，目的是活用大腦與精神的心理學，也是一種語言學。

舉例來說，假設某個人因為工作不順利而感到沮喪，覺得自己是「沒用的人」。這個人的思考模式就是「覺得自己沒用」，但其實這個程式是可以改變的。

為了達成理想中的結果，要如何更改程式才好呢？探究這個問題，追求幸福生活的實踐手法，就是NLP。

誕生於一九七〇年代的美國

NLP起源於一九七〇年代的美國，始於加州大學聖塔克魯茲（Santa Cruz）分校的語言學副教授約翰・葛瑞德（John Grinder），以及原為該校學生的理查・

班德勒（Richard Bandler）兩人所進行的研究。

他們注意到當時福律茲・培爾斯（Frederick S. Perls）的完形治療（Gestalt Therapy）、維吉尼亞・薩提爾（Virginia Satir）的家族治療、米爾頓・艾瑞克森（Milton H. Erickson）的催眠治療，在治療精神疾病上的卓越成果，於是錄下這三位學者進行諮商的樣子，仔細觀察並分析他們的遣詞用字、姿勢、聲調、與患者接觸的方式等，結果發現了對治療有效的共同模式。

葛瑞德和班德勒把這些共同的模式系統化，彙整成名為NLP的手法。NLP在治療經歷越戰、深受所謂創傷後壓力症候群（PTSD）的精神壓力障礙之苦的患者上，具有豐碩的成果。

一九八〇年代之後，NLP不只是一種治療方式，更發展為與溝通全面相關的手法，也開始被活用於運動的教練指導、商務或教育等領域。

進入一九九〇年代之後，NLP也在日本逐漸普及。每天都有各種相關講座，也出版許多相關書籍。

NLP 就是「神經語言程式學」

NLP 是 Neuro Linguistic Programming 的簡稱。
譯為「神經語言程式學」。

其原因是

N ➡ **N 是 Neuro 的首字母，代表「神經」。**

在 NLP 當中，特別用來代表「五感」（視覺、聽覺、觸覺、嗅覺、味覺）。我們通常都是先透過五感體驗事物。

L ➡ **L 是 Linguistic 的首字母，代表「語言」。**

人類對於以五感體驗到的資訊，會運用語言賦予其意義，並進行思考。換言之，就是把資訊化為語言。

P ➡ **P 是 Programming 的首字母，代表「程式」。**

人類以語言為基礎來製作程式，然後根據這個程式行動。程式會成為一個人感情與行動的模式。這個程式是可以改變的。

⬇

NLP 是以「神經」、「語言」、「程式」三者的關係為基礎，是能夠活用大腦與精神的心理學，同時也是語言學。為了成為理想中的自己，要如何更改程式才好呢？ 實踐這個目標的方法就是 NLP。

0-2 「地圖不是現場」

我們總把事情往對自己有利的方向解釋

「地圖不是現場」，這是 NLP 的前提之一。

舉例來說，請試著把「從離你家最近的車站出發的回家路線」畫成地圖。你詳細地寫上了可以當成地標的便利商店、紅綠燈和洗衣店等，力求淺顯易懂。

你花費了一定的時間，完成詳細的地圖。完成度之高，連第一次看到這張地圖的朋友，都能毫不遲疑地抵達你家，充分達成做為地圖的功能。

話雖如此，這張地圖卻不能代表現場。證據就是，如果請你的家人也畫一張的話，肯定是不一樣的地圖。

無論你多麼細心製作，資訊仍有遺漏的部分，或是道路長度的比例尺出錯。

有點弧度的路畫成直的，太小的路就沒畫等，省略了各式各樣的資訊。

此外，記載在地圖上的便利商店，畢竟只是個記號，跟實物也不一樣。

這就是所謂「地圖不是現場」。**因為我們都帶著自己的濾鏡在認識這個世界。在大量的資訊當中，只選取對自己有利且必要的事物而已。**

試著理解對方的地圖

舉例來說，你在路上看到重型機車在奔馳，有些人很羨慕，覺得「好帥啊！」；有些人則因為「排氣管聲音太吵」而感到氣憤；還有些人會忍不住推測：「他到底要騎去哪裡？」

若有十個人，就有十種對世界的解讀方式。

每個人對世界的解讀不盡相同。這就是人與人之間常常無法順利溝通的最大原因。

不妨用上司與下屬的關係來試想一下。

上司認為理想的指導方式是：面對下屬時不要一開始就過問細節，讓下屬用自己的方式去做，有不順利的情況時再給予建議。

另一方面，下屬則希望在著手進行工作之前，能先跟上司有周詳的討論，而且希望自己的做法受到尊重。

這樣的兩個人一起工作的話，上司或許會覺得下屬「動不動就想依賴的態度太不成熟了」。相反的，下屬大概也會覺得上司「一點同理心都沒有、好冷漠」。最後，彼此之間沒有交集或發生衝突的機率就會變高。

重要的是，你先要自覺到彼此都擁有一張屬於自己的地圖，而且必須試著理解彼此的地圖。

透過理解對方擁有的地圖，就能更新自己的地圖，或是獲得新的地圖。

最終，溝通的方式會有所改變，也有助於建立良好的人際關係。這才是NLP所追求的目標。

0-3 所有行爲的背後都有「正面意圖」

隱藏在「不該」背後的意圖

NLP認為，所有行為的背後都具有正面意圖。也就是說，人類所採取的行動，勢必達成了當事人的某些目的。

舉例來說，A每天早晨一定會去健走。這背後存在著「想要更健康」、「想要減肥」的意圖。這類的意圖，很多時候是自己有意識到的。

另一方面，公司告訴B「學習後取得證照的話，就能提升職位與薪資」，所以他決定挑戰看看。但實際上，他卻遲遲未能專心投入學習，一有空就打電動或是跟朋友聚餐，一不小心就做出了自覺「不該如此」的行為。但**乍看之下覺得不應該的行為背後，也存在正面意圖**。

這背後隱藏著「想利用打電動和聚餐來消除壓力」、「想維持現在的職位而輕鬆工作」的目的。雖然意識上希望職涯能更上一層樓，但潛意識裡希望維持現狀。

人類總是做出「最好的選擇」

當事情的發展不如預期時，一定有什麼正面意圖。

列舉如下：

＊總是把問題一拖再拖

這樣的話，直到最後期限為止，都能把時間花在自己喜歡的事物上。而且，因為事到臨頭才開始投入，更有助於集中精神、有效率地處理。

＊在工作上出錯

因為出錯，可能往後責任重大的工作就不會落在你頭上，而且還能博得周遭的同情。

＊總是塞滿了工作

能實際感受到自己是被需要的，能夠獲得自我肯定的感覺。

＊愛炫耀

可以展現自己的優點。自尊需求得到滿足，能夠匯聚來自周圍的敬重。

＊在會議等場合不發表自己的意見

不用擔心自己的意見被否定，或是與他人發生衝突。

人類總是會因應狀況做出最好的選擇。所以，即便事情的發展不如預期，「那仍是當下最好的選擇」。**只要能夠察覺自己的正面意圖，就能思索出滿足該意圖的其他選項。**

人類行為的背後全都存在「正面意圖」，人類總是做出「最好的選擇」

在 NLP 的理解裡，所有行為的背後都含有當事人自己的「正面意圖」。

當事人做出的行為，無論是有意識或無意識的，都是為了實現他的目的。

舉例來說，讓人覺得「不愉快」或「不好」的行為，也都存在「正面意圖」。明明應該用功念書，卻一直打電動或去聚餐，是因為背後隱藏著「想藉由這些事消除壓力」、「想維持現在的職位而輕鬆工作」的目的。雖然意識上想要用功念書、讓職涯更上一層樓，但潛意識裡卻希望維持現狀。

NLP 認為，人類總是會因應狀況做出「最好的選擇」。

無論什麼樣的行為，即便發展不如預期時，也都是「當下最好（best）的選擇」。只要能夠察覺自己的「正面意圖」，就能思索出滿足該意圖的其他選項。

0-4 我們已經擁有「資源」

資源就在記憶裡

為了達成目標所需的一切要素，在NLP裡稱為「資源」(resource)。

所謂的資源，就是能讓自己更強而有力的事物，比如：**知識**、**經驗**、**技術**、**資金**、**人脈或時間**等。

在商務上來說，一般都認為預算愈多、協助的人愈多，就是擁有豐沛的資源。

然而，NLP重視的是如何認知資源、如何活用資源。

就算只有一位夥伴，若他能在所不惜地提供協助，就是重要的資源。

所有的資源都存在人類的記憶當中。「旅途中的難忘體驗」、「應試時拚命用功」這些**感動或成功的體驗等**，都是存在記憶當中具代表性的資源。

「有人願意協助我」這樣的認知，也是經由過去的體驗所獲得的，所以歸根究柢也算是一種記憶。

試著尋找自己的資源

即便體驗過相同的事情，有些人會覺得它是資源，有些人則否。換言之，資源可依解讀方式不同而無限擴充。

例如說，「總是很有精神地跟別人打招呼」這件事，在你的認知裡是理所當然的事，但說不定它是可以活用在某些方面的資源。

回顧自己的過去，試著找出自己的資源也很重要。不妨試著想想：

「能振奮自己精神的人是誰？」

「過去有沒有什麼深受感動的事？」

「能提振自己精神的食物是什麼？」

像在自己的內在尋找「好物」、「好事」那樣，試著找出資源。**當你從過去的記憶中想起什麼事時，再加入五感方面的記憶，就能讓當時的感覺栩栩如生地浮現在腦海中。**

例如，有個一開始說「在家鄉吃了新鮮捕獲的魚，就會精神百倍」的人，透過大幅度地重新解讀該體驗，最後道出「我的資源就是故鄉的大海」。換句話說，那個人把關於故鄉大海的記憶，理解成資源。

我們很容易覺得，為了達成目標，就必須再增加什麼新資源。然而，**NLP理論認為人類已經擁有為了達成目標所需的資源。**

比如說，總是遲遲無法付諸行動的個性，若是解讀成「慎重行事」，就能當作資源來活用。

因此，很多時候以為缺乏資源的狀況裡，其實是自己沒有發現資源。

0-5

「五感」是解讀世界的起點

解讀現實的方法可以改變

人類無法改變現實本身。所謂的現實，意指自己過去曾經體驗的事。

舉例來說，要把在工作上出錯這個**現實當作「沒發生過」，是不可能的。不過，這個現實的解讀方式則是千變萬化**。

若只是一味沮喪地懊悔著：「到底為什麼會出錯呢？」也不會有任何進展。但如果切換成尋找改善之處的觀點，例如：「在那種時刻，要是這麼做就好了。以後要多注意！」就能獲得面對未來時更正面的要素。

換言之，即便無法改變現實本身，但改變解讀現實的方式，是每個人都辦得到的。

無論情感或思考，皆取決於五感的運用方式

人類在解讀現實時所活用的就是「五感」。我們透過五感認識一切的事物。所謂的五感是指，視覺、聽覺、身體感覺、嗅覺、味覺。

舉例來說，在餐廳用餐時，我們會看餐廳和餐點的外觀，聽咀嚼食物的聲音，拿著刀叉品嚐食物，享受它的香氣。**大腦接收透過五感而獲得的資訊，在認識（語言化）這個世界**。

因為此時大腦的神經細胞正在運作，NLP才被稱為「神經語言程式學」。

一切的起點都在於五感。這也意味著，根據五感運用方式的不同，情感與思考也會改變。

日本人一直以來都是一邊用五感感受大自然，一邊生活，例如看到櫻花或滿月時會覺得感傷等。

但是隨著文明的發展，單純運用五感的機會卻在逐漸消失當中。例如，最近有人覺得柔軟精或香水的香味已經引發了「香料公害」。雖然有人喜歡柔軟劑或香

水的香氣，但也有人無法接受這種化學的氣味。

此外，隨著虛擬實境技術的進步，讓我們有更多機會如身臨其境一般，體驗用電腦打造出來的假想世界。

不過，在這樣的現況下，五感的重要性也從未消失。

在與人溝通時，光是有意識地訴諸對方的五感，其反應就會大幅改變。

在實現夢想或目標時，五感也扮演著重要的角色。**首先，重要的是用五感去想像理想中的自己。**因為大腦是透過五感，把具真實性的資訊認知為現實。

在達成目標時會看見什麼樣的影像、會聽到什麼樣的聲音、會感受到什麼樣的味道、會飄散什麼樣的香氣、肌膚的觸感或身體的感覺如何，我們可以在心裡描繪出這些。

詳細內容將在各章節裡說明，首先**請大家先要理解：NLP 重視運用五感的體驗和想像。**

第一章

NLP 讓人際關係變得圓滿

1-1 優位感覺❶

釐清對方的優位感覺

人際關係不順利的原因

我們在與人接觸時，難免會戴上有色眼鏡。

例如，過去你曾經遇過留鬍子的人對你說了一些討厭的話，當你再遇到其他留鬍子的人時，就會不禁覺得「莫名的討厭」，由於你懷著這種討厭感覺與對方溝通，人際關係自然不會順利。

留鬍子的人＝討厭的人，在NLP理論中把這樣的制約稱為「心錨」（Anchor，參照78頁）。心錨經常會引發溝通的誤會。

因此，重要的是以中立的狀態與人接觸。不要單方面評斷對方或是貼標籤，要如實地觀察對方。

當我們觀察小孩的舉止時，有時能感覺得出「他今天不知道為什麼有點愛撒嬌」，或是「看起來心情不太好」。大人的情況或許沒有那麼明顯，但仔細觀察的話，還是多少能感受到對方喜怒哀樂的情緒。

了解因VAK造成優位感覺的不同

如實地觀察對方時，釐清對方的「優勢表象」也是一個重點。所謂的優勢表象，簡單說就是「較占優勢的感覺」（優位感覺）。

如前所述，我們經由五感認識世界。用五感去感受的系統稱為「表象系統」（Representational System）。雖然統稱為「五感」，但率先運作的感官因人而異。分別是稱為V（Visual，視覺）、A（Auditory，聽覺）、K（Kinesthetic，身體感覺）的感覺，有時也總稱為「VAK模式」。「K」之中又包含了嗅覺（Olfactory）與味覺（Gustatory）。

VAK的優勢因人而異。在想像身處海邊的情境時，V優位者（視覺型）會聯想到藍天和白花花的浪濤。A優位者（聽覺型）會浮現海浪的拍打聲或海鷗的叫聲。而K優位者（身體感覺型），則會想到海風或沙灘的觸感。

在你跟他人溝通時，也能推測出對方的優位感覺。

舉例來說，V優位者有比較愛說話的傾向，因為他們想把看到的東西原原本本地傳達出來，必然變得比較多話。然而，K優位者說話速度十分緩慢。因為他們很重視要深思熟慮直到能說服自己為止，或是精準掌握節奏的行動。

結果就導致這兩種人在對話時很難合拍。

彼此之間的距離感，也會因哪一種感覺占優勢而產生差異。V優位者傾向用視覺來解讀整體，所以會想跟對方保持距離。相反的，K優位者則偏好有所接觸。所以他們跟人見面時會擁抱，或是手牽手走路，某部分原因是想要透過這樣的接觸來獲得安全感。

在我遇過的人當中，長期旅居海外或僑民的第二代，通常都是A優位者居多。或許是因為他們在自然轉換日語與外語的過程中，不知不覺鍛鍊了聽覺。

首先，要理解每個人的優位感覺各不相同，後續的對話就會有所不同。

職場的人際關係
資深大姐
有點囉唆的上司
你啊～
青春無敵
好難唷！
麻煩的同事
得意忘形的菜鳥
自以為了解彼此
你欸！！
不要忘記報告、連絡和商量啊！
來去吃午餐吧！
今天開會的資料準備好了嗎？
前輩，別擔心啦！
其實有時是戴著有色眼鏡在看待對方
狂怒鬼
ㄌㄩㄝ ㄌㄩㄝ
雙舌怪
不負責任的小伙子
嘮叨大媽
啊！那樣的職場我已經受不了了！
我懂，我懂！
我也有過這麼覺得的時期啊！
朋友
咦？你說「有過」，所以你換工作了嗎？
噗！噗！
沒有換工作，只是換了看人的方式而已。
首先要摘下一不小心就把人看成妖怪的有色眼鏡。用全新的心情觀察對方。
(Visual) 視覺優位
(Auditory) 聽覺優位
(Kinesthetic) 身體感覺優位
然後釐清對方的「優勢表象」
只要配合對方的優位感覺來應對，就能建立更好的關係，對吧！我會試試的！
觀點改變，世界就會改變喲！

1-2 試著溝通時配合對方

同步跟隨（Pacing）

配合對方的心情或行動

如前所述，人與人之間的溝通方式會因為哪一種感覺占優勢而有所不同。

若彼此的優位感覺相同，無須特別努力，應該也很好溝通。但**就算彼此的優位感覺不同，只要其中一人能察覺並配合對方的優位感覺，溝通也會順暢許多。**

假設有一對情侶。男方是身體感覺型，跟女朋友在一起時，總是喜歡挨在女朋友身邊，時不時輕撫對方。

另一方面，女方是視覺型，不太喜歡男朋友這樣的舉動。其實她更希望男朋友能關注她的外在，若是男朋友對她說：「妳剪頭髮了，對吧！很好看喔！」或是「這件毛衣很亮眼，很好看耶！」之類的話，她會很開心。但是男方對外在似乎漠不關心。

若是男方知道了對方的優位感覺，並有意識地稱讚女方的外在，會有什麼不同呢？雙方的關係一定會往更好的方向發展才是。

在NLP理論中，稱配合對方的心情和行動為「同步跟隨」（Pacing）。同步跟隨能讓對方感到你更容易親近，也能讓彼此的溝通變得更融洽。

配合對方的感覺，或是配合對方的表情或動作，都算是同步跟隨。

配合對方的速度就能產生安全感

最具代表性的同步跟隨，就是配合對方說話的速度。

我們平常說話時，不太會意識到自己說話的速度。但仔細觀察就會發現，說話速度真的因人而異。

當有人對著說話速度慢的人喋喋不休、滔滔不絕時，聽者就會覺得：「不知道這個人在說什麼？」「他是不是想用話術唬弄我？」或許還會有所警戒。

相反的，說話速度很快的人在聽說話慢的人報告或講話時，很容易就會覺得：「能不能更直接了當地說啊？」「真是讓人煩躁！」

所以，**配合對方的說話速度是非常有效的。當速度一致時，對方就會覺得舒服和安心。**

其實，優秀的銷售人員都巧妙地活用了同步跟隨的手法。他們在最初閒聊時，先仔細觀察顧客說話的速度，等到在說明商品時，就會配合顧客的速度說話。透過這樣的方式，他在不知不覺間讓顧客感到安心，然後顧客自然而然就願意簽約或購買。

配合對方的說話速度，也可以說是「配合對方的呼吸」。**一個人的步調會表現在呼吸上。以相同速度呼吸的人，往往能夠變得親密。**日語中有「（呼吸）很合拍」、「阿哞之息（默契十足）」等說法，也顯示了藉由呼吸同步跟隨的重要性。

此外，**在配合說話速度的同時，若也配合對方聲音的大小，就會更有效。**當你配合對方聲音的大小時，對方也會變得更容易接受你。

○○精品店XX店
月營收報表
唉！我這個月的業績又吊車尾了…
哎呀！你打算哭喪著臉站在店裡嗎？
啊！店長，對…對不起
我該怎麼辦才好…我費盡力氣說明了老半天，還是賣不出去…
我明白妳很努力，但那個樣子說破了嘴也沒用。人與人之間「配合對方的呼吸」是很重要的。
從現在開始，你試著深呼吸，直到我說「停」為止。
嘶……哈……嘶……哈……嘶……
嘶！哈！嘶！哈！嘶！哈！嘶！哈！
好，停！
你現在的心情怎麼樣？老實說說看。
唔…節奏搭配不上，有點煩躁…
啊？原來如此！要配合顧客的步調！
原來我連最重要的事都沒做到啊！
同步跟隨對方很重要喔！

1-3

了解建構人際關係的基礎

信念（Beliefs）

我們受到「環境」與「重複」的影響

構成人際關係基礎的要素，大致可分成兩種，就是「環境」與「重複」。所謂的「環境」，是指我們在日常生活中已經化為習慣的事物，也可以說是在不知不覺中建立的信念（Beliefs）。

在這方面的影響要素，就是父母對我們說的話。在成長過程中，父母會對我們說各式各樣的話。這些話變成環境，成為我們參照的基準。

具體來說，在成長過程中，總是被父母耳提面命「要好好聽長輩的話」的人，自然就會以「尊重長輩」的立場來判斷事物、建構人際關係。

另一個重要的基礎就是「重複」。**據說，人類在一天之內會不自覺地重複和自**

己進行約六萬字左右的對話。與自己的對話稱為「內在對話」。

例如，早上起床後，一邊念有詞：「去洗臉吧！」然後走向洗手臺。「來喝水吧！還是要喝柳橙汁呢？」說完後從冰箱裡拿出瓶裝礦泉水。一邊喃喃自語：「今天的天氣好嗎？」一邊為了看新聞而拿起電視遙控器。「看起來會下雨，還是帶著摺傘吧！」一邊說邊把雨傘放進包包裡……

即便我們沒有一一發出聲音，但是在行動之際，總是進行著數量龐大的內在對話。

在內在對話中不斷重複說的事，就是會對我們造成強烈的影響的一種信念。比如，有人在內在對話中不斷重複「好討厭愛裝熟的人」，一旦他遇到對方友善地接近、想要毫無隔閡地打成一片時，就會覺得抗拒。

對自己的「環境」與「重複」有所自覺

首先，最重要的是知道自己的「環境」與「重複」。

為了達到這個目的，方法之一就是**試著找出自己覺得「我應該○○」、「△△才是對的」的事項。一般認為，這樣自問所得到的答案，往往與當事人的環境和重複息息相關。**

就拿一直被父母教導「不要給別人添麻煩」的人為例子。

首先，第一步就是自己要察覺到「因為父母常說『不要給別人添麻煩』，所以自己總是很注意不要造成別人的困擾」這件事。

然而，「每個人對『麻煩』的解讀不同，應該沒有什麼事是絕對不該做的」、「或許不必老是看別人的臉色，畏畏縮縮到這種地步」，若是你能這麼想的話，人際關係的建立方式自然就會與以往不同。也就是說，如果能知道並察覺這件事的話，就能改寫程式。

從小我就受到父母嚴格的管教
不可以給別人添麻煩喔！
要尊敬長輩。
要有禮貌地打招呼。
是！
1
父母的話現在仍然在我心中不斷地重複著…
禮儀…
尊敬…
不要隨便碰觸別人…
時時使用敬語
不要給別人添麻煩…
2
喂喂喂，我發現了一家超好吃的限定午餐！一起去嘛！快點，快點！
或許是因為這樣，面對總是過分熱情的方小姐，我有點手足無措…
欸…好…好…
3
耶！趕上了！我一直都好想吃這個！
哇！好好吃！
不過，她也是少數會來跟我說話的人。
啊…真的很好吃呢！
4
「不能不熟裝熟」←
「自己不跟別人裝熟」←
雖然覺得「不喜歡別人和自己裝熟」←
但這也可以解讀成「親切對待」吧…
今天的午餐很好吃啊…
明天換我來約對方看看好了…
5
這個重複或許會改變我…
快點！今天要去限量五份的店喔！衝啊！
啊啊啊
明天一定要由我來約對方！
6

1-4 親和感（Rapport）❶
巧妙地與對方建立信賴關係

建立親和感的第一步是「尋找共通點」

為了讓人際關係更融洽，建立親和感是非常重要的。所謂的「Rapport」是法語中「融洽關係」的意思，在NLP理論中用作**實際感受到對方與自己之間心靈相通、建立信賴關係的意思**（也稱為「良好的關係」）。

透過建立親和感，能緩和對方的警戒心及緊張，彼此的對話會更順暢。對方也更容易接收己方傳達出去的訊息。

換言之，若能建立親和感，就能讓對方有信賴感和安全感。由於對方能在打開心房的狀態下對話，也就更能接受你所說的話。

建立親和感的第一步就是活用「寒暄笑問」做為對話的開場白。這不是毫不設防，而是秉持平和日中立的態度，尋找雙方的共通點。所謂的「寒暄笑問」就是：寒暄問候、讓好事發生、立即回應、笑臉相迎、你家住在哪裡等這幾項。

我們在和初次見面的人對話時，有時會問對方：「你的興趣是什麼呢？」「你的家鄉在哪裡？」等問題。若是知道彼此剛好上同一所小學，那麼學校附近的雜貨店和老師等話題，應該就能讓對話變得很熱絡。

找出共通點之後，彼此就能產生親近、打成一片的感覺，也有讓溝通更順暢的效果。

不光是環境或經驗上的共通點，**常用來做為話題的「外觀」**，即顏色、穿著、鞋子、健康、嗓音，這些方面的共通點也是有效的。配合對方的姿勢和舉止等身體動作，也是其中一種方式。配合身體的動作稱為「**映現**」（Mirroring），是像照鏡子（mirror）般配合對方動作的行為。

映現的要素非常多，例如點頭的時機、深度或姿勢（向前傾或後傾）、翹腳的方向和時機、手放的位置、手臂交叉的方式、喝茶的時機等。

不過，若是你過於明顯地模仿對方的動作，有時對方會覺得自己遭受嘲弄，反而會弄巧成拙。映現與模仿不一樣，並不是原封不動地模仿對方的身體動作。

合得來的人之間，就算不特別注意，自然而然也會變成相同的姿勢。重點始終都在於自然而然地與對方步調一致，彷彿在跳舞一般地映現。

複誦也是技巧之一

對方說什麼，自己就說什麼，也是建立親和感的一種方法。在NLP理論中，稱像這樣的鸚鵡學舌為「**複誦**」（Backtrack）。原文Backtrack，是指「折返回原路」的意思。

舉例來說，如果對方說：「最近每天都好熱，讓人一點食慾都沒有！」你就回應：「對啊，沒有食慾呢！」透過這樣的方式，對方就會有「這個人真的在聽我說話」的安心感，對話就會進行得更順暢，最終也有助於親和感的建立。

複誦有幾種方式。不光只是重複對方的句尾，還有直接摘要對方所說的話，或是重複關鍵字等方法。或者，你也可以關注對方的情緒，做出「那真是令人開心呢！」之類的回應。

要是做得太過頭的話，會讓人有太刻意的感覺，所以要靈活運用。在溝通的過程中，除了「同步跟隨」（參照36頁）之外，不妨也穿插使用映現或複誦等技巧。

為了建立親和感，尋找「共通點」。

與對方做相同動作的「映現」。

1-5 親和感② 檢視表情、視線和發聲方式

能否建立親和感，取決於發聲方式

在建立親和感上，表情、視線、發聲方式、停頓的方式等這類「非語言訊息」，也是很大的重點。

以辦公室來說，早上進公司時的第一句話，就決定了能否營造親和感。若有人用一種似有若無的聲音說「早安」，那你勢必感受不到「今天一整天大家一起努力工作吧！」的心情。再說，打招呼的聲音卻讓別人聽不到，就毫無意義了。

但如果對方是用宏亮的聲音說「早安！」，你的感受又是如何呢？不知為何，你的心情就開朗了起來，也激發了幹勁。若打招呼的人還帶著滿臉笑容的話，你的

感受會更棒。

聲音大小、清亮程度、停頓的方式等固然重要，但發聲時的姿勢也很重要。說到為什麼聲音會變小，有可能是姿勢不利於發聲所致。總是彎著身子、腰桿挺不直的人，不容易發出聲音，看起來也讓人覺得缺乏自信。

我曾讓講座上的所有學員轉過身面向後方，然後向某個特定的人說：「你好。」當我問：「覺得剛才我在對你說話的人請舉手？」我選定的人中，有相當高的比例都舉手了。

就算看不見對方，**情緒仍會反映在發聲方式和抑揚頓挫上。換句話說，對方有沒有聽到你的聲音，是能否建立親和感的重要因素。**

外在的氛圍、姿勢，也很重要

讓我們再次回顧一下與人對話時的姿勢。即便自己沒有意識到，但試圖聽對方說話的能量都會顯露在身體的方向、視線與動作等部分。**因此，對話時不知為**

何就是覺得「話不投機」，問題出在非語言訊息上的機率非常高。

外在的氛圍（視覺資訊）會傳達各式各樣的訊息。打扮邋遢的人，沒來由地就是讓人難以信任；頭髮亂糟糟的話，則會讓人有粗枝大葉的印象。

對話時，看到對方有一大堆手勢或是在轉動手上的筆時，多半都會覺得：「這個人怎麼都安靜不下來啊！」

此外，雖然對方點頭附和，但表情不耐煩或是稍微低著頭的話，都會讓說話的人不想說下去。

舉例來說，假設先生對著電腦工作時，太太對他說：「吃飯囉！」

若是先生回答「知道了，再一下就做完了啦！」之時眼睛始終盯著螢幕，和停下打字的手、把身體轉向太太之後再回答，這兩者傳達的方式就完全不同。前者會讓人覺得心不在焉，後者則是親和感已經建立的狀態。

夫妻或親子之間，當雙方關係愈深入時，非語言訊息就愈重要。

嘿…早……
這個樣子……
早安！
嗯？
什麼？
回答好敷衍……
陳先生
王先生！
是，有什麼事嗎？
轉頭
欸？
啊…
□□的那件事……
你有在聽嗎？
關於□□的那件事…
聽的人感受完全不同
在這裡
我已經把那件事處理好了。
咯吱咯吱
無法建立親和感
王先生，一起去吃午餐吧！
榮幸之至！
成功建立親和感

1-6 度測（Calibration）❶ 觀察後營造融洽的氣氛

觀察對方的非語言訊息

舉例來說，你能正確地想起平時經常使用的錢包或手錶是什麼形狀嗎？就算你試著畫出來，應該很難想起來。

明明應該是每天都在看，實際上卻幾乎沒在看。之所以會發生這樣的事情，是因為我們平常很多時候都是無意識地在處理資訊。

即便是無意識地處理資訊，也不會造成什麼困擾。就算不知道錢包的詳細形狀，我們仍能理所當然地購物。相反的，若要詳盡地認識錢包的形狀，反而會讓日常生活無法順暢運作。

因此，無意識地過著日常生活，基本上沒有什麼問題。只不過，**當自己的行**

為舉止帶來不怎麼開心的結果時，若能有意識地改變自己的行為舉止以求得好結果，當然是更好的選擇。這就是 NLP 的基本概念。

我們用前述提到的人際關係來試想一下。

尋找和對方的共通點，或是同步跟隨對方時，觀察力是非常重要的關鍵。**「觀察對方的非語言訊息」的這個行為，稱為「度測」（Calibration）。**

原文 Calibration 的意思，是「校準測量儀器的刻度」。即便某個人嘴上說「沒事」，但是從他呼吸的節奏、聲調和臉部表情等，就能知道他隱瞞了某些擔憂。相信各位應該都有過這樣的經驗。換句話說，每個人都擁有度測的能力。

透過度測，有助於解讀對方的心理狀態與非語言訊息。這是建立親和感不可或缺的技巧。

觀察對方時的重點

觀察的重點在於對方的姿勢、眼神的動向、視線的方向、表情、眨眼、皮膚

的顏色、動作、聲調與抑揚頓挫、節奏與停頓等。

一開始要保持一定的距離，以觀察整體氛圍。每個人都會在無意間透過姿勢和動作，傳達出緊張的程度及情緒。有些人在放鬆時翹腳，有些人在緊張時雙手抱胸。但如果你盯著對方的臉看太久而覺得尷尬時，可以改成觀察對方胸前呼吸的樣子。

人在舒適放鬆時，呼吸會變深，胸前的起伏也會變得緩和，體格好的男性就連腹部的起伏也會變得緩和，所以更一目了然。

緊張者給人的印象就是呼吸比較淺，喉嚨和聲音都比較緊。當對方在緊張時，透過找出共通點當作話題，或是面帶微笑地回應，都能幫助對方放鬆。此外，如同在「同步跟隨」單元所述，觀察之後有意識地配合對方，也是不錯的方法。

度測的能力是可以磨練的。**只要在與人對話時，有意識地練習解讀對方的非語言訊息即可。**在重複練習的過程中，應該就愈來愈能掌握對方的一般傾向。

有時，試著觀察電車裡坐在自己面前的人，配合對方的呼吸，也是一種練習方式。

真想和王先生變得更要好一點…
「度測」？
哇~~
解讀對方的心理狀態和非語言訊息…啊！
來試試看吧！
現在他是在什麼心情下對話呢？
聲調是…
節奏是
關注
姿勢
動作
表情
呼吸是…
眼神的動向是…
啊
嗯？怎麼覺得有人盯著我看…
啊？林小姐
林小姐，什麼事啊？
你剛剛一直盯著我看，對吧！
沒、沒有。你誤會了…
要若無其事地觀察「眼前的人」啊？
林小姐喜歡的是陳先生，對吧！
搞錯方法了…

1-7 改變立場（Position change）

移動位置，從過去的桎梏中解放出來

改變立場，說出想法

公司裡的上司每天都嘮嘮叨叨地唸個不停，讓人好沮喪。在這種時候，你可以運用「改變立場」這個方法。

即便面對一樣的狀況，每個人的感受和解讀都不盡相同。**所謂的 Position change，就如同直譯的意思：「改變位置」，也就是從不同於自己的他人觀點來感知事物。**

具體來說，就是會準備三把椅子，代表以下的三個位置。

・第一位置（自己的觀點）

・第二位置（對方的觀點）

・第三位置（第三者的觀點）

首先，坐在自己的椅子（**第一位置的椅子**）上，想像一下關係不好的上司坐在對方椅子上的樣子。

面向對方（第二位置的椅子），說出自己平時對對方的想法。要不要說出口都沒關係。但因為對方實際上並不在場，平時說不出口的話應該能大膽地說出來。

接著，改變位置，試著坐在對方的椅子（**第二位置的椅子**）上。徹底成為自己的上司，一邊模仿他的動作、姿勢、聲調等，一邊把心裡所想的，像是面對著自己（第一位置的椅子）時，自己看起來是什麼樣子、對自己有什麼期待等，都傳達出來。

然後從對方的椅子上離開，這次坐到**第三位置的椅子**上。這是一個完全陌生的人的位置。例如，辦公室所在大樓的清潔人員，碰巧看到自己和上司對話的樣子，諸如此類的想像。從這個第三者的立場，客觀地看待兩人的關係，整理兩人對話的內容，或是從第三者的立場給予建議。

重複這個改變立場的動作幾次。一開始你可能會覺得有點困惑，但重點就是要像演員一樣，徹底進入角色當中。當你徹底成為對方時，有時會發現自己從不曾察覺的自己，或是想到問題的解決方案。

有時會有意外的發現

面對自己的「因為老是被罵，對工作根本提不起勁」的發言，從對方的觀點來看，或許會有「因為我想把肩負重任的工作交付給你，才會用嚴厲的口氣跟你說話」之類的回答。

透過徹底成為對方，有時會湧現以前無法想像的情感，因而獲得了「原來也有這樣的觀點啊！」「也能這麼想啊？」之類的新發現。這就是改變立場的效果。

進一步透過第三者的觀點來評價、傳達「原來如此，上司是看好下屬的！」「是很棒的師徒關係啊！」等，就能更客觀地掌握狀況。

我又被部長罵了。
真讓人厭世…
這樣的話，你何不試試改變立場？
唉…
從別人的觀點來看待自己，重點是要徹底成為對方！
欸，很有趣耶！我試試看！
上司
自己
第三者
①老是被罵，所以提不起勁！
②不不，就是因為很看好你，才會對你嚴格。
③上司似乎很看好你呢！
④不分青紅皂白就罵人，我也不會懂啊！
⑤我尊重你的自主性。
⑥他有看出你的成長空間啊！
噗哧
一模一樣…
自己
上司
第三者
原來我總是只看到負面的東西啊！
有了新發現，真是好事一樁呢！
我是那樣的口氣嗎？
糟了！
咳！
呃…部長
聲音可能有點太大了…

1-8 次感元（Submodality）

了解如何與討厭的人相處

構成五感的種種要素

人類是經由五感來認識世界，而**構成五感的種種要素在NLP理論中稱為「次感元」（Submodality）**。

- **視覺次感元：**顏色、大小、明暗、焦點、動作（靜態影像或動態影像）、距離、位置等。
- **聽覺次感元：**音量、振動、音調、速度、節奏、音源的方位或位置等。
- **身體感覺次感元：**濕度、溫度、方向、觸感、強弱、輕重、味道等。

這些次感元是可以改變的。只要改變次感元，腦中的印象就會改變，我們的感覺也會跟著有所變化。讓說話的速度變慢、讓物體的溫度升高、變硬、增加重量等，在想像的世界裡可以自由自在地改變次感元。

舉例來說，有一位C小姐很討厭上司聲音尖銳、講話又快。她害怕上司的這個感覺，已經跟聽覺次感元組成一個固定的組合，這時可以試著改變次感元。

具體來說，你可以想像尖銳的聲音變成愈來愈粗的聲音，而且是慢慢地說。當你害怕的人在想像中這樣說話時，你對他的理解方式會有所轉變，那種害怕和討厭的意識也會改變。

用玩心消除害怕的感覺

在聽覺之外，你也可以改變其他的感覺。由於一般**來自視覺的資訊較多，所以改變視覺次感元的效果往往很顯著**。

例如，試著想像對方眼角下垂、戴上濃密的假睫毛，就會變成滑稽的印象。

重點是要稍微帶一點玩心。

想像讓對方戴上像米老鼠一樣的大耳朵，或是戴上如相撲力士般的髮髻等，也很有趣。或是想像讓對方穿上各式戲服這類異想天開的裝扮等，創意天馬行空任你揮灑。或是想像在哈哈鏡裡人可以伸長縮短一般，放膽地試著把對方放大或縮小也行。

試著把自己想像成巨人

有些人總是一副目中無人的態度，要和他見面時，總會讓人不自覺地就畏縮了起來。在這種時候，你可以試著把自己想像成巨人。從巨大化的自己看來，對方就會變得如米粒般渺小，非但感覺不到他的傲慢，甚至會覺得對方看起來很可愛也說不定。或是，當你把對方縮小成米粒大小時，自己就能以平常心來應對。

像這樣狠狠地把對方「玩弄」一番之後，當本人出現在面前時，你不自覺地就會想起自己「玩弄」他時的印象，能實際感受到那種害怕和討厭的意識已經減弱了。這正是改變次感元的效果。

若能事先做好次感元的練習，而不是帶著害怕的感覺與對方見面，就能創造出不同於以往的溝通模式。

當上司指派工作給你
吳小姐，明天之前把會議資料做好。
抖！
是！
嗚…怎麼有種不好的預感…
這…果然！跟之前曾經出錯的工作是類似的內容！
哇，分類也太細了吧！
要做多少表格啊？我最不擅長這個了！
又不能說我不想做，但就算試著要做…
身心卻都在抗拒…
啊！不好的記憶全都再次浮現…
該怎麼辦…頭好痛！
嗯，就算再討厭，不做的話就得加班…
對了！
這種時候就試著改變一下次感元。
超怒的部長…
變得可愛了！呵呵呵！
嗯，輕鬆多了！
那…開始吧！
下次來把他變成放空版吉祥物好了…

第二章

用 NLP 提升對話技巧

2-1 度測❷ 目標是成爲善於聽對方說話的人

溝通時，對方的感受就是一切

提到善於與人對話的人時，或許一般的印象就是能把自己的想法流暢表達出來的人、能夠接二連三提供愉快話題或是讓人開心的人。

能說很多話、能開心說話的人，的確精通對話的技巧。然而，**能說很多話並不代表能與對話的另一方建立親和感。**

NLP理論認為，在溝通上「對方的感受就是一切」。無論你再怎麼口若懸河，**經由對方過濾後所接收到的結果，只要會損害親和感，就代表溝通方式有問題。**

在這種時候，不妨思考一下「該怎麼傳達才好」，並試著一一改善這些地方。只要能找到改善之處，就會明白下次該怎麼溝通比較好。

善於對話的人也善於聽對方說話

當你無法獲得自己所期待的反應時，不妨試著改變自己的溝通方式。

首先，要**確實做到度測，確認對方是以VAK的哪一項在解讀資訊，並在遣詞用字上注意使用對方容易理解的字句。**

此外，即便使用相同的字句，有時對方也可能會解讀成完全不同的意義。

例如，當你說「關於那件事，接下來該怎麼辦才好呢？」時，「那件事」所指涉的對象，有時自己和對方的認知是迥然不同的。為了避免這樣的誤解，就要有意識地運用「關於創立十週年活動的事……」等，這類容易讓對方理解的說法。

一旦對方臉上出現訝異的表情時，不妨趕緊確認：「現在在說的是創立十週年活動的事，對吧？」

為了建立親和感，比起善於說話，善於聽人說話更為重要。**要提升對話技巧時，需要的是好好傾聽對方的話，並設法引導對方說話**，目標是建立起能夠讓對方自在說話的關係。日文裡的「聽」有兩種說法，「聞く」是指打開門、用耳朵聽聲音，而傾聽的「聽」則是充分運用耳朵與眼睛，並貼近對方心情地去聽。

如第一章所述，讓溝通順暢的基本原則是觀察度測。在觀察之後，做跟對方一樣的動作，或是當對方小聲說話時，自己也降低音量，這就是進行映現和同步跟隨。

人在明白對方接受自己所說的話時，會覺得安心。聽人說話時，一旦你看錶確認時間，對方就會有點焦躁、靜不下來。就算你在點頭，只要有點心神不寧，眼神就會四處游移，進而讓對方覺得不安。

因此，**把注意力放在對方身上是非常重要的。只要能好好聽對方說話，就算你只是不出聲地點點頭、只用表情傳達，對方也會明白你的心意。**

朱小姐
那件事要怎麼處理呢？
咦？「那件事」是指什麼事？
十週年活動？
還是新店開幕的事？
冬季折扣？
每一件剛剛都說過了！你根本沒有在聽，對吧？剛剛你的回應好像都很敷衍！
對…對不起，我不是這個意思…
許小姐，關於要怎麼傳達某件事，
你似乎還有很大的改善空間。
我該怎麼做才好？
店長…
一般常說「善於說話」就是「善於聽人說話」，對吧？「淺顯易懂的遣詞用字」「配合對方的視線、動作和聲調」「用耳朵和心傾聽對方說話」
要把「我有好好聽你說話」這件事，傳達給對方才行。
朱小姐，剛才不好意思。
我才不好意思，我剛剛太兇了。
關於十週年活動的事…

2-2

視線解析（Eye Accessing Cue）❶

分析對方的視線

視線往上時、往下時

就如同「眼睛會說話」這句俗語所說的一樣，只要觀察對方視線的動向，有時就能知道他在想什麼。**在NLP理論中，將觀察視線的動向稱為「視線解析」**（Eye Accessing Cue，又稱「視線解讀線索」）。

當視線「往上」時，是在做視覺的聯想。使用聽覺時，視線是「水平移動」。而當視線「往下移動」時，就是在進行內在對話，或是正在連結身體的感覺。

雖然優位感覺因人而異，但只要你能察覺對方的視線經常移動的方向，就能知道對方的優位感覺。

舉例來說，視覺優位者通常都會想起影像，所以視線會往上。因為向上看，就會出現呼吸變淺、說話變快的傾向。身體感覺優位者的視線則是往下。由於視線往身體下方，呼吸會變深，說話的方式也比較慢。

另外，根據視線往左或往右，可以推測出對方是在搜尋記憶，還是在創造出新的想像。

透過視線動向可以得知的事

關於視線的動向，我們試著看得更仔細一點。

當視線「往左上移動」時，就是正在想起視覺記憶。當你詢問：「請回想一下去哪裡旅行時很開心？」大多人都會一邊往左上方看，一邊回溯記憶。

當視線「往右上方移動」時，則是正在進行視覺上的創造。

當你詢問：「請想像一種動物，牠是大象、老虎、獅子合而為一的樣子。」很多人的視線就會在瞬間往左上方移動之後，再往右上方移動。當對方在想像一個從未見過的動物，並試圖將它影像化時，你經常可以觀察到這樣的視線動向。

另外，當你在問小孩「為什麼沒寫功課」時，試著注意他視線的動向。當他回答「我肚子痛」時，如果視線在一瞬間往左下移動，後來又往右上移動，就代表他正在創造一個說法。只要觀察對方的視線，就能推測他正在想像什麼東西。

視線「往左側橫向移動」時，是正在回想已知的聲音。當你詢問：「你第一次買的CD是什麼樣的音樂？」多數人的視線都是往左側橫向移動。

視線「往右側橫向移動」時，是正在創造從未聽過的聲音。當你詢問：「假設同時聽到十個人的聲音，你覺得聽起來會是什麼樣子？」對方的視線應該就是往右側橫向移動。

正在進行內在對話的人，視線多往「左下方移動」。例如，有人問你：「請舉出你喜歡的三位電影導演的特徵。」你正在思索「日本導演的話是黑澤明或小津安二郎吧？我也喜歡史蒂芬・史匹伯或柯林・伊斯威特，成龍的動作片也好難捨去……」，確認要怎麼回答時，視線通常都會往左下方移動。

相對於此，**運用身體感覺時的視線是往「右下方移動」**，例如有人問你：「泡石造溫泉池是什麼感覺？」「赤腳走在沙灘上是什麼感覺？」之時；另外，像「在無重力狀態下吃飯什麼感覺？」等，**想像從未體驗過的感覺時，視線也是往「右下方移動」。**

不過，有一些人的視線左右方向是相反的，因此度測非常重要。

一般來說，視覺優位者會習慣先用視覺來想像（視線往上）一件事，然後才是想像聲音（視線往橫向），或運用身體感覺（視線往下）。試著若無其事地仔細觀察對方視線的瞬間動向，以得知他的優位感覺。

第一次跟老公見面時，
他是什麼樣的人啊？
（視線往左上方）
回想記憶裡的印象
回想記憶裡的聲音
（視線往左側橫向）
那個鬧鐘是什麼聲音啊？
欸…這…那個…
因為我被外星人抓走了！
為什麼遲到了？
正在進行內在對話，思考離奇的藉口。
（視線往左下方，再往右上方）

2-3 優位感覺❷

回應對方的視線，改變溝通方式

面對視覺優位者，視覺性的說法最佳

只要知道對方的優位感覺，就能採取相應的溝通方式。

視覺優位者通常會藉由顏色、形狀等照片或動畫的圖像，來解讀資訊。他們很擅長描寫浮現在眼前的情景，如「樹梢間的新綠被陽光照得閃閃發亮，光彩奪目」之類的。

那種會說「要租的話，當然是要陽光能照進來的明亮房間」、「我苦思許久，答案終於在某一刻靈光一現，浮現眼前」的人，也多半是視覺優位者。

與視覺優位者對話時，使用在視覺上容易想像的詞句，對方比較容易接受。

具體來說，就是「看見、發現、注視」、「明亮、鮮明、色調濃厚」等詞彙，或是「搞清楚是非黑白」、「天要下紅雨」等運用顏色的慣用說法等。

在你想要說「泡了溫泉，神清氣爽」時，可以改成「從露天溫泉眺望大海，真是絕世美景」，對方一定更能理解。

此外，**當你要向視覺優位者提案或談判時，提出使用許多插畫或圖解的資料，效果會更好。**

與聽覺優位者、身體感覺優位者的溝通

聽覺優位者會對聲音和語言的節奏有強烈的反應。

那種會說「在家聽古典樂時，心情就平靜了下來」、「聽快節奏的音樂時，幹勁就來了」的人，就是典型的聽覺優位者。

「在集合地點等了一下，嘩地人就來了……」、「明明是萬籟俱寂的房間，卻聽到不知何處傳出的滴滴答答的水聲」等，經常使用狀聲詞的人也一樣。對於○○產、在○○年得到金獎，或是品牌名、數字等很敏感的人，也是聽覺優位者。

如果你對聽覺優位者說「一進到露天溫泉時，就聽到沙沙的海浪聲或小鳥吱吱喳喳叫，真是太棒了！」「之前去看棒球時，加油聲和汽笛喇叭聲超大的，當球棒敲擊到球時鏗地一聲，實在魄力十足」之類的描述，對方應該比較容易理解。

此外，在**對話過程中仔細觀察並配合對方說話的節奏和聲調，也很有效。**

身體感覺優位者通常有緩慢深呼吸，或慢慢說話的傾向。除此之外，他們也很常使用「我喜歡可以讓人很悠閒、氣氛很柔和、使人心平氣和的房子」這樣的表達方式。這種人在店裡選購衣服時，最先做的通常都是摸一摸衣服的質料，以確認觸感。

在與身體優位者對話時，傳達這樣的觸感會是有效的方式。如果你是服飾店的店員，比起詢問「您喜歡什麼顏色呢？」，改為「要不要試穿看看？」「在接下來的季節裡穿這種質料的衣服，感覺很清爽喔！」是更理想的搭話方式。

此外，**由於身體感覺優位者會在自己心中實際感受你說的事，不妨也有意識地用穩重、緩和的步調，來與他們對話。**

我喜歡明亮、新綠般的顏色！
這位是V優勢者…
那這個顏色如何呢？
我想要找那種輕飄飄的披肩。
這位是A優勢者…
我們有○○品牌的新品喔！
嗯…比起這個觸感
這個質料的觸感更好！
要不要試穿看看呢？
這位是K優勢者…
真不愧是店長！
要怎麼做才能那麼巧妙地應對客人呢？
祕訣是這個喔！好好記住。
Visual 視覺優位
Auditory聽覺優位
Kinesthetic身體感覺優位
原來如此！要透過對話解讀客人的優位感覺啊！
好！我要嘖嘖地人口咀嚼店長秘傳的技巧，讓業績咻地一飛沖天！我的未來會閃閃發亮！
欸…這孩子會變成哪種優位者啊…

2-4

設定心錨（Anchoring）

用條件反射刻意製造好狀態

設定心錨就是有意識的條件反射

看到檸檬時，我們會不自覺地想像酸的味道，嘴裡的唾液就滿了出來。有時候，一聽到學生時代經常聽的歌時，我們就會想起當時居住房間的格局或是家具擺放的位置等。

像這樣，有時候某個刺激會成為契機，讓人像條件反射一般產生特定的反應。**在NLP理論中，將引發特定反應的刺激稱為「心錨」（Anchor）。**Anchor就是「錨」，**有意識地連結刺激與反應，就稱為「設定心錨」（Anchoring）。**

設定心錨是一種在自己內心設置開關的感覺，能夠創造讓自己更容易發揮及表現的狀態。

棒球選手會戴同一種顏色的手套，或是右腳先踏進球場，格鬥家在入場時播放的主題音樂等，都是設定心錨的一種方式。

把從廟裡買來的護身符別在包包上，相信「帶著這個的話，提案就會順利」，也是一種心錨。看到杯子裡的茶葉梗立起來時，就覺得「今天會有好事發生」，也是一樣的。

另一種設定心錨的方法，則是按壓特定位置就會想起雀躍心情的類型。當你緊張時，一按壓那個位置的話，就能雀躍起來並感到放鬆。

心錨不只會與五感連結，還有一種「空間心錨」（spatial anchor）。我們有時會覺得一坐在客廳的沙發上，心情就很平靜，就是因為沙發上設定了「平靜」的心錨。還有，你曾經在知名飯店的大廳酒吧談成一筆大生意，後來有洽談重要生意的其他機會時，你選擇了同一個地點，也是一樣的道理。

但空間心錨並不一定要建立在特定的場所。由於它是在想像世界中建構出來的空間，也能像帳篷一樣折疊起來隨身攜帶。你能將它帶到讓你緊張的提案會場，在正式上場前把空間心錨展開，用「自己威風凜凜地提案」的想像來滿足自己。

你可以先用空間心錨為自己建立自信後，再登上正式的舞臺，也可以把整個空間心錨都帶上舞臺。後者的話，空間心錨就會像聚光燈一樣隨著你移動。

在我認識的人當中，有人甚至在舉辦講座時會用「一條龍在會場裡盤旋」的想像來設定心錨；也有人會想像在做森林浴時的清淨空氣，然後使用讓會場中充滿這種清淨空氣的空間心錨。

設定心錨時的重點

在設定心錨時，要知道對自己而言的必要情緒，並回想起過去曾經充滿相同情緒時的經驗。

在這個情緒達到高峰之前，設定事先決定好的心錨，並在情緒到達頂點時停止。**情緒在高漲之後就會開始跌落，因此重點是在即將上升至頂點前設定心錨。**

心錨必須是獨特且明確的。太過日常的事物無法成為心錨。此外，在同樣的身體位置上，你可以同時設定「有自信」、「勇敢果決」等好幾個心錨。

做特定的動作（按壓某個地方等），回想起雀躍的心情。這個附帶條件稱為「設定心錨」。

2-5 結合（Associate）與分離（Dissociate）

改變觀點，消除雞同鴨講的對話

同一件事有多種解讀方法

在前文說明的「次感元」中，有一項是改變立場，也請各位做了體驗，其中就有「結合」（Associate）與「分離」（Dissociate）。

Associate是「聯想」之意，指主觀（與自己合為一體）觀察某一事物的狀態。例如「和朋友吵架，覺得焦躁」是主觀的情緒，當時的影像是透過自己的眼睛在觀察朋友。這是結合（Associate）。

相對於此，**Dissociate是「分離」之意，指客觀（與自己分離）觀察某一事物的狀態。**例如，將「和朋友吵架，覺得焦躁」轉換成分離狀態的話，就變成是冷靜觀察「和朋友吵架而顯得焦躁的自己」。這時的影像就會變成從稍微遠的位置觀察自己。

有些人是結合優位，有些人則是分離優位。凡事都容易投入感情的人是結合優位者。而分離優位者在分析任何事時，往往都像在看別人的事一般。

無論是結合或分離，並沒有哪一方比較好。

面對開心或愉快的事，以當事人的身分在感受時是結合狀態；面對悲傷或討厭的事，只要處於分離狀態，就能像旁觀者一樣平靜地解讀。

對於同一件事的記憶也一樣，當你選擇結合或分離時，理解方式就會不同。

一直被過去的不愉快困住的人，就是一直以結合的方式在解讀討厭的情緒。在這種時候，只要改變次感元去做分離，理解方式也會跟著改變。這可以想像是從主觀視角的影像切換鏡頭，變成從遠處拍攝自己的感覺。

與他人爭論時要「分離」

當你跟別人的對話雞同鴨講時，很容易陷入結合的狀態。

「我對那個人說了同樣的事好幾遍，他就是聽不懂。」

「那個人一點都沒有想要理解我的心情。」

只要你這麼想，就會離解決問題愈來愈遠。

尤其是在吵架時，雙方都是結合的狀態，意見的衝撞只會愈演愈烈。**這時，如果有其中一人退一步試著分離，狀況會是如何呢？**

「你說的是這樣，對吧？但我是這麼想的，這樣對嗎？」

只要把立場轉換成彷彿是從觀眾席發言，而非吵架的當事人，就能冷靜地討論，或許爭論就能順利解決。

若能多練習，就可以順暢地改變立場。在練習從結合轉換成分離時，推薦你可以想像自己把卡通人偶裝脫下來的樣子。

跟朋友吵架
你為什麼都不懂？
請想一想別人的心情！
什麼啊！你才是！
彼此都是「結合」狀態
如果有一人「分離」的話
因為○○的緣故，才會牛頭不對馬嘴。
啊…這樣啊…
就能冷靜地討論
你說的是……對吧？
我覺得是……
不好意思。
我也是，我太激動了…
好險，那我們和好吧！
彼此又都是「分離」狀態了！
入學時代…然後…
啊！我記得喔！
當時…

2-6

後設模式（Meta-model）①

用提問把「省略」、「扭曲」、「一般化」化爲具體

平時在與人溝通時，我們往往會為了顧及自己的方便，不自覺地出現「省略」（Deletion）、「扭曲」（Distortion）、「一般化」（Generalization）的行為。例如，在日常生活中經常使用「大家都這麼說」、「大家都這麼做」的說法。

「大家都有」是真的嗎？

小孩想要買電玩遊戲時，也常說：「大家都有那個遊戲！」「只有我被排擠也沒關係嗎？」等等。

但是，所謂的「大家」，具體來說究竟是誰呢？

小孩的發言裡，帶有「如果我有十個朋友，十個人全都有那個遊戲」的暗示。

如果你信以為真，或許會覺得「買給他比較好」。然而，所謂的「大家」，可能不

是全部的朋友。當你試著追問：「大家是指誰？跟我說說看？」如果他沒辦法舉出三個朋友的名字，應該就能做出：「也有人沒有，對吧！」「不買也沒關係吧！」的結論了。在這個例子裡，我們可以觀察到資訊的**「省略」**，以及把一部分擴大到整體的**「一般化」**。

當對方說：「我休假的話，會對大家造成困擾。」你可能會同情對方，心想：「都不能休假，好辛苦呢！」但實際上資訊可能被**「扭曲」**了。

如果你問對方：「這會對誰造成什麼樣的困擾呢？」可能他也無法具體說清楚狀況，只是自己這麼認為而已。

一邊提問，一邊解決問題

關於被「省略」、「扭曲」、「一般化」的資訊，一邊透過提問或確認，一邊讓它具體化為更正確的資訊，這樣的動作稱為「後設模式」（Meta-model）。後設模式的提問，能夠把對方所說的內容變得更明確，也能透過拓展對方的可能性，有助於解決問題。

在後設模式裡，會提出「是誰？」「什麼時候？」「在哪裡？」等，具體深入挖掘的問題。不過，如果你太過追根究柢地提問，可能會給對方帶來壓力。

尤其是對處於戀愛關係的另一半，在使用後設模式提問時要特別注意。

「昨天能和你見面很開心」

「很開心，是指什麼很開心？」

「因為你對我很溫柔，所以我很開心。」

「你說的溫柔是指什麼地方呢？」

「……」

相信大家已經明白。**這種像是在責備對方的提問，是不行的。**提問的目的，始終都是為了把對方說的話，恢復成他想要傳達的、化為語言之前的完整資訊。

使用後設模式提問時，認知到自己所追求的目標在哪裡，是非常重要的。

大家都討厭我……
「大家」是指誰和誰？
呃？是誰…我沒辦法清楚指出某個特定的人…
莫名地覺得嗎？是指周圍有這樣的氣氛嗎？
那是怎麼樣的氣氛呢？
嗯…你這麼問，好像有點難說明…
為什麼你從剛剛開始就一直質問我？
呵呵呵
？
後設模式？
嗯，那就是…
把被「省略」、「扭曲」、「一般化」的，模稜兩可的資訊明確化的方法…
咦？
如果把這個模式套用在你現在所說的話上…
嗯…意思是這個無法得出明確答案的煩惱…
其實只是單純的「自以為」？
對吧！

2-7 後設模式②

「省略」、「扭曲」、「一般化」的具體化方法

接下來介紹後設模式提問的範例。

要怎麼提問才好？

・對於「省略」的提問

若對方只說「我感到不安」，你也不會明白是關於什麼的不安。這時，你就要追問：「什麼讓你覺得不安？」「具體來說是什麼樣的不安？」

對於「我工作速度慢」的說法，你可以追問：「你說的慢，是跟什麼比呢？」就能釐清對方省略的對象。實際上，或許他只是跟較優秀的人相比，但工作速度其實是符合平均水準的。

當對方說「客人這麼說」時，你提出「客人具體來說是指誰？」「所謂這麼說是說了什麼樣的事？」之類的問題，解決方案也能變得更具體。

當對方說「麻煩請盡快」，你也不會知道具體是指到何時為止，你可以直接反問：「所謂的盡快是指？」若對方回答「麻煩在明天下午一點之前完成」的話，對話就算成立。對於「身為社會人士，你這樣的作為完全不合格」的發言，不妨詢問對方：「你的評價基準是什麼呢？」就更能釐清其評價的有效性。

・對於「扭曲」的提問

當對方說：「上司總是做出非常詳細的指示，因為他不信任我。」

你透過「為什麼做出指示就表示不信任呢？」「就算上司的指示很詳細，能夠斷定你不受信任嗎？」等提問，就能讓他從僵化的思維中解放出來。

對於「他討厭我」的說法，你可以詢問：「為什麼你會這麼覺得？」或許對方就能發現自己的發言只是出於臆測。

對於「我必須是屬卜的典範」這樣的發言，當你詢問：「是什麼讓你這麼想的呢？」就會發現那只是當事人自己以為的基準而已。

・對於「一般化」的提問

對於「因為這份工作很難，我沒辦法做到」這樣的發言，你可以提出「是什麼讓你這樣覺得呢？」等問題。

當對方說「總是事事不順利」時，你可以問他：「真的一次都沒有成功嗎？」「所謂的『總是』，具體而言是什麼樣的時候呢？」等問題。

不過，如果你不斷提問，容易讓對方覺得你好像在責備他。此時，你可以運用度測來判斷可以追問到什麼程度。

用以自己為主詞的「I message」反問，也是有效的方法。

如果你詢問：「〇〇先生所說的是這樣嗎？」會給對方一種和你無關、你想要切割撇清的印象。

如果換個方式提問，像是：「〇〇先生所說的事，我是這麼理解的，是這樣嗎？」就更容易引導出對方的答案。

我…覺得不安
是什麼讓你覺得不安呢？
我的工作速度很慢…
你說的慢，是指跟什麼比呢？
大家都這麼覺得。
所謂的「大家」，具體來說是指誰和誰呢？
你從剛剛開始就一直問問題，請不要這樣逼問我！
哎呀，你冷靜一下。我們休息一下吧！
話說，許小姐，我覺得你對自己太嚴格了，不是嗎？
沒有人凡事都完美的，所以放輕鬆一點也沒關係喔！
謝謝店長！

2-8 米爾頓模式（Milton Model）

用暗示手法影響對方的潛意識

影響對方潛意識的語言

與後設模式互為表裡關係的，就是「米爾頓模式」（Milton Model）。這是把心理學家米爾頓．艾瑞克森（Milton Hyland Erickson）的遣詞用字經過分析、系統化之後的理論，是一種**影響對方潛意識的暗示手法**。

米爾頓模式在遣詞用字上很模稜兩可，任憑對方自由解讀。與後設模式相反，通常是以「省略」、「扭曲」、「一般化」的方式呈現。

舉例來說，「每天都很努力」是一句鼓勵的話，但是「努力做什麼」、「如何努力」都被省略了。「因為天氣晴朗，心情很愉快」的說法也一樣，這是沒有直接因果關係的「扭曲」，但當有人這麼對你說時，你就是會不自覺地點頭贊同，對吧？

其實你只幫過一、兩次忙，但對方卻說「謝謝你總是幫我」時，你想回應對方期待的心情就變得更強烈了。這就是資訊的「一般化」。

米爾頓模式裡存在著一邊讓對方覺得是自己做出選擇，但其實是在誘導對方的成分。

例如，當小孩拿出回家作業時，媽媽有時候會問：「你要吃飯前寫作業？還是吃完再寫？」這麼做雖然把選擇權交給小孩，但「寫作業」這個答案已經決定了，提問只是為了把結論誘導到這個答案上。

此外，當有人說「請不要打開這個箱子」時，無論是誰，應該都很在意箱子裡的內容物，想要打開它。這被稱為「否定命令」，也是間接誘導的手法之一。

委婉地換句話說

在米爾頓模式裡，**也經常使用被稱為「隱喻」（metaphor）的表達方法。隱喻就是比喻的意思**。透過把直接的說法委婉地替換成別的說法，讓訊息在不知不覺中更容易傳遞。

舉例來說，當你要說「他是團隊裡如領袖般的人物」時，改用「他是團隊的指揮塔」、「他是團隊的支柱」等說法，會讓人更容易想像他身為領袖的存在感。

「溫斯頓・邱吉爾（Winston L. S. Churchill）說……」等，引用名人的話來增強說服力，也是隱喻的例子之一。

我們有時也會把想傳達的訊息隱含在故事裡，讓故事能夠當作人生的教訓來品嚐。

例如，《伊索寓言》裡有一個故事叫「貪心的狗」。嘴裡叼著一塊肉的狗，發現河裡也有一隻叼著肉的狗，牠心想，「我要嚇嚇那傢伙，把牠的肉搶走。」但就在牠「汪！」地大叫一聲之後，嘴裡叼著的肉就噗通掉進河裡了。原來，牠在河裡看到，其實是自己的臉……。

「就算羨慕別人，也不會有什麼好下場。」

「太貪心的話，最後會得不償失。」

故事裡完全沒有寫到這類的話，但讀者在潛意識裡卻解讀出這樣的訊息。

米爾頓模式非常深奧，大致可分為四種模式。

後設模式的相反：故意用省略、扭曲、一般化的方式表達等。
前提：重複提及後設模式一般化中的前提等。
不明確性：（例）你只要能夠「釋放」出來的話，就會輕鬆不少。
→「說話的釋放和脫手的釋放」等。
隱喻：為了傳達訊息而運用比喻或引用等。

祕訣是這個喔！好好記住。
Visual 視覺優勢
Auditory 聽覺優勢
Kinesthetic 身體感覺優勢
原來如此！要透過對話解讀客人的優位感覺啊！

第三章

運用NLP，讓身心煥然一新

3-1 狀態（State）管理 ❶

因應場合調整身心

如何進行狀態管理

NLP理論中，使用「狀態」（State）這個單字來表示身心狀態。放鬆的狀態、開心的狀態、悲傷的狀態等，人類在一生中會經歷各式各樣的狀態。

根據狀態的不同，對於事物的理解方式也會大不相同。**如果能因應場合來管理身心狀態的話，就有助於積極地行動與解決問題，這就是「狀態管理」。**

在管理狀態之際，重要的是先認知自己的狀態。

「我總覺得有點焦躁，不斷出錯。」

「我總是一直在生氣，事事都不順利。」

「我覺得好沮喪，什麼事都做不了。」

當你發現時，就要思考該怎麼做才能恢復到「身心安定」的狀態。

其中一個方法就是：改變自己所在的環境。

當身邊的人都很開朗直爽時，好像連自己也變得開朗直爽。相反的，總是和愛發牢騷的人在一起時，愛發牢騷就漸漸變成了理所當然的事。

遠離愛發牢騷的人，投入開朗直爽的人群中，狀態就會發生變化。

接觸許多人各式各樣的想法，也是不錯的方法。

對於同一件事，解讀方式因人而異、千差萬別。**與許多人接觸交流，就能有「啊，原來這樣想就好」之類的發現，這就是透過與他人的連結來進行狀態管理。**

不過，在非常沮喪時，即便被正面思考的人圍繞著，自己的狀態也很難有所變化。在人際關係中進行狀態管理，絕非一件簡單的事。

重振精神的小祕訣

聽快節奏的音樂來提振精神，也是一種狀態管理。相信很多人都有光是聽到就會提起精神、充滿幹勁的專屬「戰鬥曲」。

不習慣聽音樂的人，建議可以先從節奏較慢的歌曲開始，再慢慢加快。**習慣之後，就算實際上不聽，光是想起歌曲也能像啟動開關一樣。**這就是把音樂當作心錨，進行設定心錨（參照78頁）。

或者，當工作停滯不前時，有時為了打起精神會喝一杯咖啡，或是吃一口巧克力。這也是狀態管理的一種。

緊張時呼吸會變得急促，沮喪時姿勢也會變得畏縮。因此，光是改變呼吸、伸展身體，就有可能重振精神。說起來，這些都是理所當然的行為。但在忙碌的每一天裡，已經毫無餘力的人往往很難做到，這也是不爭的事實。

在這一章裡，將介紹幾個調整身心狀態的祕訣。

啊啊！
不管做什麼事都不順利！
啊！
怎麼了？你的「狀態」好像很混亂。
欸？狀態？
身心的狀態？
只要能恢復穩定的身心，就有助於解決問題喔！
理想中的我…
現在的我…
焦躁
啊啊
失誤
不安
憤怒
悲傷
失誤
陷入負面循環
這樣當然不會順利…
不妨舒服地坐下來，喝一杯美味的咖啡，深呼吸，放鬆一下…
呼！
揉揉
不知為何，我的心情輕鬆許多！
工作好像能順利完成。
嗯，那就好！

3-2 換框法（Reframing）①

改變想法和觀點，讓心情放鬆

框架改變，觀點也會改變

請陪我一起做個小實驗。現在，請暫停讀這本書，快速地看一下整個房間，試著找出有幾樣紅色的東西。

紅色封面的書、資料夾、包包、毛巾……。相信你至少都會找到幾個。那麼現在不要看房間裡的樣子，請回想一下剛剛的情景。藍色的東西有幾個呢？

因為剛剛都集中精神在找紅色的東西，你應該都沒發現有藍色的東西。我們的意識就像這樣，只會朝向全神貫注的對象。換言之，就是帶著有色眼鏡的狀態。

對事物的看法或觀點，被稱為「框架」（Frame），而框架因人而異。最常被舉的例子，就是當杯子裡裝著一半的水時，看到的人各有不同的解讀方式。

有些人覺得「只有一半的水」，有些人則覺得「還有一半的水」。「杯子裡裝有一半的水」這個事實是相同的，但框架的差異卻讓事物的意義有所變化。**把這個框架改成有利於自己的方向，讓感情產生變化的手法，被稱為「換框」（Reframing）。**

若能巧妙活用換框法，人際關係就會變好。

舉例來說，如果你對稍微胖的人說：「你有點胖耶！」就會惹人生氣，但如果你說：「你很有威嚴呢！」或「你真是有容乃大！」就不會讓人覺得不快。同一件事，就看你話怎麼說。尤其是從事服務業的人，這些遣詞用字想必都是自然而然地脫口而出吧。

相同的，換框法也能用在自己身上。對於自己覺得是缺點的地方，試著思考一下有沒有其他的意義。「自己是急性子的人」屬於否定的解讀方式，但若是解讀成「無論在什麼樣的場合都能機伶地應對」，就變成肯定的看法。換言之，**藉由換框法，缺點就能變成優點，也就能誘發出自己的可能性，或是能夠更正面積極地行動。**

換框法與正向思考的差別

或許有些人會覺得換框法和正向思考很相似，但兩者之間是有差異的。

正向思考是把所有事物都做正向的解讀，一種「就算有討厭的事，也要積極克服」的想法，在心中仍有消極心情的狀態下找出其他選擇。

換框法則是透過改變看待現實的觀點，讓意義發生轉變的手法，不只代表一定要正向地解讀事物。

「雖然因為發燒而導致工作沒有進展，令人有點遺憾，但我能夠充分休養，也終於能好好跟家人說說話了。」

就像這樣，只是改變了觀點，世界就呈現出完全不同的意義。行動時的選項也變多了。具備多元的觀點，就更能靈活地應對各種事物。

讓心靈輕盈的換框法
我好胖
改變對事物的看法
有威嚴
有容乃大
以為是缺點的地方
有時其實是優點
慌慌張張
常常出錯
達達達達
啊！
咚
樂觀
愛說話
我個人的話
行動派
呵呵，不好意思
富挑戰精神
總是積極
話題豐富
等等，你可要好好認清「常常出錯」的事實喔！
啊！被戳到痛處了…
你的構思靈活又有行動力，下次一定能成功的！
是！謝謝！

3-2 換框法②

思考讓某件事更有用的場合

把劣勢重新解讀成優勢

換框法有兩種：「狀況換框法」和「內容換框法」。**「狀況換框法」是指對於某一件事或行動，找出它派得上用場的狀況。**

舉例來說，假設有一位很愛應聲附和又多話的會計部D小姐。她個性爽朗，卻不擅長繁瑣的工作。

於是，我們試著思考「愛應聲附和又多話」能派上用場的狀況，結果發現可以換框成「能輕易地和初次見面的人談話」、「在推銷或商業談判時，話題源源不絕，不會讓顧客厭煩」。

若是把D小姐調到業務部，發揮她原有的能力，就有可能創造優秀的成績。

或是告訴對方：「跟你一起去居酒屋喝一杯，很開心呢！」就能讓對方知道他的特質在某些狀況下是加分的。

如果是那種在每項工作的檢視上都錙銖必較的人，可以換框成「是為了確實推動工作的關鍵要素」、「適合會計工作」等。

因此，狀況換框法就是把自己認為的劣勢重新解讀成優勢的契機。

思考「除此之外還有什麼樣的意義」

「內容換框法」則是使某樣事物或事件擁有肯定的意義。

試著思考：「除此之外還有什麼樣的意義呢？」會改變你解讀事物的方式。

E先生因為在工作上被上司責備而感到沮喪。

「如果人事評價變差而被降職，該怎麼辦？」

「說不定我會失去上司的信任。」

E先生愈想就愈陷入負面情緒中。

在這個狀況下，受到上司責備的事實是無法改變的。然而，從中找出肯定的意義卻是可能的。

「或許是因為上司看好自己，才會特別提醒我。」

「這次的經驗可以活用在往後培育後輩的時候。」

像這樣**藉由內容換框法，就能肯定地解讀「受到責備」的事實**。

這個方法在與人溝通上也非常有效。

當辦公室同事在煩惱「最近都提不起幹勁，好難受」時，你可以對他說：「現在是充電時期，對吧！」同事應該會覺得輕鬆不少，也能對未來充滿希望。

當然，換框法並不容易執行。但**重要的是，要養成思考「這在什麼場合能派上用場呢？」「除此之外還能怎麼想呢？」的習慣**。若從上方俯瞰茶葉罐，它是圓形，但從側面看則是長方形的。你要像這樣不斷重複「改變觀點，看法就改變」的體驗。

當這個開關能順利運作時，無論你遇到什麼樣的麻煩，都能瞬間變換框架。

太過健談的新人
哈哈！
啊！真有趣！
請到能夠活用你的健談的部門。
咦？業務部嗎？
不過，我倒是覺得滿適合的…
哎呀！
結果成為頂尖業務員！
我又拿到一筆大訂單！♪
我沒看走眼呢！
哈哈哈
恭喜！
狀況換框法大成功！
方姐，我又出錯被部長罵了，我不行了！
蠢蛋！
沒事啦！
因為部長看好你，才會提醒你啊！把這次的經驗活用在下一次吧！
部長看好我？啊，原來如此！
現在可不是灰心喪志的時候！
嗯，終於有幹勁呢了！
加油！第一名先生。
內容換框法成功
方小姐，我拜託你的事還沒做好嗎？
這次換我被罵了…
啊！別跑！
我去跑業務了！
自己的換框法該如何是好…

3-4 換框法 ③ 消除經常嘆氣的狀態

試著讓自己的對話「視覺化」

覺得諸事不順、心情一下子就跌到谷底……這種時候，就算你在腦袋裡煩惱不已，也只會一直陷入「鬱鬱寡歡」的漩渦，難以脫身。

我在此推薦給大家的做法是，把自身的悶悶不樂轉換成實際的話語說出來。**重點在於把鬱鬱寡歡的心情化為具體的話語。你可以發出聲音說出來，也可以試著寫在筆記本上。**

如同前文所說的，人類在一天之內會不自覺地重複和自己進行約六萬字左右的對話。這個和自己的對話就是「內在對話」。我們在醒著的時候，總是一邊行動，一邊不斷地自問自答。

內在對話就好像一種自我暗示。那種在內在對話裡總是為自己打氣的人，通常都過得精神奕奕。相反的，總是持續對自己投以負面言語的人，就會不知不覺地在心中填滿了負面的印象，結果必然會變得容易悶悶不樂。

因此，**鬱鬱寡歡的人更要試著把內在對話「視覺化」。光是「視覺化」，心情就能輕鬆一點。**

在學生時代，你有沒有過明明在念書準備考試，但不知為何就是心不在焉、無法專心的經驗呢？

明明知道必須念書，但「那個也得做」、「這個也想做」的念頭接二連三浮現腦海，結果書上的內容完全念不進去。這種時候，如果你寫下「書念完的話就去看電影」、「把喜歡的漫畫一次看完」等想法，光是這麼做，心情就會舒暢不少。

透過把悶悶不樂的心情寫出來，想像成是你把它們從腦海中拿出來，先暫時放在一旁的感覺。

傾吐鬱鬱寡歡的心情之後，轉換框架

向某人傾吐鬱鬱寡歡的心情，也是一個方法。然而，聽的人也會很難受，實際上還是滿困難的。因此，你才要自己寫出來，審視自己的精神狀態。

不過，**如果你因為閱讀自己寫下的文字，讓過去的記憶變得鮮明，反而變得更鬱鬱寡歡的話，就得不償失了。所以在檢視內在對話後，要進行「換框法」。**

舉例來說，你在悶悶不樂地寫下「每天都好焦躁。今天又被前輩唸了，真是火大」等文字時，就要一邊思考：「我為什麼每天都那麼焦躁呢？」要**尋找存在於這個模式背後的正面意圖**。

首先，**你和引發「這個焦躁情況」的部位（Parts）取得聯繫**，接著向它說聲「謝謝」表達感謝之意。（要是難以實際感受部位，可以試探身體的哪一個部分最有感覺，然後把那個部分視為部位）。

接著，**向取得聯繫的部位詢問：「這麼做是有什麼樣的正面意圖（實現好的**

想法）嗎？」在該部位回覆「想要過平靜的日子」」等答案之後，向該部位表達感謝之意。

然後，**請在自己心中具創造性的部位，想出至少三個能夠滿足這個正面意圖的替代方案**。例如：「事先寫下待辦事項」、「離開座位去喝杯咖啡」、「用喜歡的茶杯喝花草茶」，並對這些方案的出現表達感謝之意。

確認該部位是否接受，若未能得到它的諒解，就再度請它提出不同的構想。

對於獲得原本部位承認的三個想法，必須進行確認：「對於我這個新選擇，有沒有部位是反對的？」以取得諒解。

最後，想像自己在不遠的未來執行新選項的樣子。

①
每天都很焦躁
悶悶不樂

②
試著寫出來
・接二連三出錯
・上司嚴厲地提醒
・在意別人的眼光
・喪失自信
・人際關係很痛苦
・頭痛、胃痛

③ 和引發焦躁的部位取得聯繫

焦躁的源頭是……
在身體的哪個部位……
謝謝！

④ 詢問正面意圖

這麼做是有什麼原因嗎？
……那是因為……想要……
……那是因為……想要……
謝謝！

⑤ 寫出構想

滿足想要……新方法是……
構想1……
構想2……
構想3……
構想4……

⑥ 想像執行新的選項

有沒有部位反對這個新選項？
好！

3-5 編輯姿勢

試著調整姿勢來改變思考

只是當場跳一下也行

觀察街上熙來攘往的行人，你就會發現看起來朝氣蓬勃的人，走路時總是正視前方、抬頭挺胸、英姿颯爽。

相反的，看起來無精打采的人，在走路時不知為何就是有些搖搖晃晃、重心不穩、視線落在地上、彎腰駝背、腳步沉重。或者，甚至有人對什麼心懷不滿，還踢開了掉在地上的東西。

換言之，**姿勢和情緒是息息相關的。鬱鬱寡歡時姿勢容易前傾、蜷縮在一起。這時，光是稍微活動一下身體，心情都能輕鬆許多。**

雖說「活動身體」，但不需要做特別的運動。

首先，**在站立的狀態下，用力地聳起肩膀，再放掉肩膀的力量，試著原地輕跳一下。當重心降低時，情緒也會穩定下來。**

你在跳的時候，可以想像成是把原本穿在身上的卡通人偶裝脫掉、有脫胎換骨的感覺，或是想像那些附著在自己身上的灰塵、汙垢等東西都剝落的樣子。

此外，**調整傾斜的重心也很重要。**

多數人的重心都是傾向左右其中一側。在直立不動的狀態下，當有人分別按壓你的左右肩膀時，你會發現兩邊身體的反應方式並不相同。比較動不起來的一側，就是重心所在。

在雙腳不動的狀態下，透過想要看站在身後的人而回頭的動作，也能確認「歪斜」的狀態。如果有一個方向是比較容易回頭的話，就代表那一側有歪斜的情況。

總是用同一側肩膀背包包的人，很有可能因為長年的習慣而導致身體歪斜。不妨用相反側的肩膀背包包，以消除歪斜的情況。

當然，天生的骨骼狀況會有所影響，而且這也有可能是身體發出的某種訊號，所以無需勉強矯正。不過，**當姿勢改變時，思考也會改變。**

當重心傾斜時，你可以對齊腳尖來調整。另外，把食指按壓在肚臍下方約兩公分左右的地方，意識到丹田所在的位置，也是一個有效的方法。

在此要介紹運用潛意識訊號確認的方法（關於潛意識訊號請看142頁）。

雙腳的腳尖和腳跟對齊後，閉上雙眼。接下來這麼說：

「謝謝你總是幫助我。」

「如果準備好和我溝通的話，請傳送信號（訊號）給我。」

當身體活動的信號出現之後，說聲「謝謝」以表達感謝，接著說：「請稍微強調現在的信號，再傳給我一次。」如果是同樣的動作，就表示感謝。

如果是女性的話，就要觀察當你說「我是女性」時的反應。若出現相同的動作就表示感謝，確認這是不是代表「是」的信號，當「是」的信號出現後就可以了，接著以同樣的方式確認「否」的信號。

然後，把你的食指放在肚臍底下兩公分左右的地方，詢問：「這是我的重心嗎？」如果出現「是」的回應就可以了，但如果是「否」的話，就變換手指的位置後再次詢問確認，這樣就能知道你的重心所在。

用力地聳
起肩膀
把肩膀的
力氣鬆開
原地輕輕跳一
下。重心降低
後，情緒就穩
定下來。
向後回頭，
調整左右的
「歪斜」。

3-6

狀態管理 ❷

緩緩深呼吸，把情緒穩定下來

跟姿勢同樣重要的是呼吸。呼吸具備了接收能量並使其循環的意義。

哭得抽抽搭搭的孩子，過度吸氣時就會有點喘不過氣來，一著急起來，呼吸就會變得又淺又急。我在跟別人說話時，透過觀察對方肩膀的動作，也能知道對方的呼吸是否變淺，或是很穩定。

深呼吸時要意識到緩緩吐氣

光是緩緩地深呼吸，心情就會平靜。**深呼吸時，要意識到吐出的氣比平常還多。當你把氣吐完時，重心也會降低，自然就能吸進更多的氣。然後從鼻子吸氣，稍微停止呼吸一下，再緩緩地吐出來。**呼吸的速度因人而異，但在重複做這個動作之後，就能慢慢掌握適合自己的呼吸時機。

深呼吸的祕訣，在於張開雙臂、抬頭挺胸。在常見的體操裡，也有擴胸深呼吸的動作，或是把兩手搭在肩上的擴胸方法。

一邊發出「啊！」的聲音，一邊做動作的話，自然就能吐氣。我也很推薦發出「哈、嘻、呼、嘿、吼」等這些笑的時候會發出的聲音，具有放鬆的效果。

在會議室等場所無法大動作伸展雙臂時，光是想像擴胸的狀態來進行呼吸，大腦也會認知到你正在深呼吸。

深呼吸時視線要朝上。早晨深呼吸時抬頭看向天空，不只是心情會變好，視野也變開闊了。工作時使用電腦、一直處於前傾姿勢的人，不妨養成開窗仰望天空再深呼吸的習慣。

想起自己堅持到底、被稱讚等令人雀躍的經驗時，就會有一種背脊拉直、雙腳著地的感覺。

而且，光是用力地提起肩膀，再一邊放下肩膀、一邊吐氣，心情都會輕鬆不少。此外，呼吸較淺或呼吸過度的人，可以拿紙袋對準嘴巴再深呼吸，這樣就能平靜下來。

深呼吸的方法

①
有意識地多吐一點氣。
②
一邊從鼻子吸氣，一邊張開雙臂，並稍微停止呼吸一下。
③
一邊發出「啊！」的聲音，一邊吐氣。

深呼吸時視線要朝上

哈哈哈
嘻嘻嘻
呼呼呼

深呼吸時，一邊發出「哈、嘻、呼、嘿、吼」的聲音，一邊吐氣，也是有效的方式。

無法大動作張開雙臂時，想像擴胸的狀態來進行呼吸。

用力地提起肩膀，再一邊放下肩膀一邊吐氣，也是有效的方式。

3-7

中斷（break）

偶爾採取截然不同的行動

活動身體，中斷鬱悶的心情

為了擺脫眼中和心裡都只有鬱悶心情的狀態，轉移焦點在其他事物上也是一種方法。當發生討厭的事情時，我們會吃很多飯、零食或是喝酒，就是最典型的例子。

不過，暴飲暴食會對身體造成負擔，最好還是用別的方法來消除鬱悶。

像是試著挑戰雜耍棒的拋接，如何呢？在集中精神拋接雜耍棒的時候，鬱悶的心情也會暫時關機，就能夠轉移情緒。

擦窗子、打掃、用吸塵器吸遍房間裡的每個角落等，家裡還會變乾淨，更是一舉兩得。

暫時停下敲著電腦鍵盤的手，休息喝杯茶，也是一種鬱悶狀態的中止。這種鬱悶狀態的中止，**被稱為「中斷」（break）**。

在調整身心狀態的意義上來說，比起甜的果汁或咖啡，我更推薦單純的白開水。適當補充水分，腦細胞和神經細胞才能適切地發揮功能。

光是稍微在室內來回走動，都具備中斷的效果。我會在講座的途中播放音樂，或是進行名為「健腦操」（Brain gym）的練習。此外，一直坐著會導致專注力變差，光是站起來互相拍拍對方的肩膀，或是原地跳一跳，心情都會有所轉變。這能夠讓人回到無的狀態，或者說是平的狀態。

每個人都曾經在工作中伸懶腰或是換邊翹腳，這就是在無意識中所做的中斷。不妨有意識地把這樣的中斷做得更誇張一點。

用力地打一個大呵欠，一邊發出稍大的聲音一邊伸懶腰的話，中斷的效果會更好。

會議裡的中斷效果

你也可以在與別人溝通時執行中斷。

例如，當會議中的發言有點鬼打牆、討論毫無進展的時候，會議主持人突然問出席者：「各位記得昨天的午餐吃了什麼嗎？」會議的流程就中斷了。

在行動上離開會議室的座位，也有改變流程的效果。當討論停滯不前時，說聲「不好意思。我肚子有點痛，請讓我去一下廁所」後離席，就能做到中斷。

相信各位都曾經遇過，當大家在餐會上聊得正熱烈時，突然某個人的手機響了，離開座位去接電話，熱絡的氣氛就一下子安靜下來。在氣氛有點膠著的狀況下，這麼做也不失為一個好方法。

除此之外，大家說些有趣的事一起大笑也不錯。笑的時候，副交感神經會占優勢，腦中會分泌出具備鎮靜劑效果的神經傳導物質β腦內啡（β-endorphin），能夠讓人放鬆，是很理想的中斷方式。

當會議停滯不前……
沉重
嗯……
會議沒有進展……
哇，這氣氛也太凝重了吧……
真難受啊……
……
不好意思，我肚子有點痛，要去一下廁所……
嗯？
好，去吧！
啊！我也可以去嗎？
……
不妨「中斷」一下
啊……哎呀……
休息一下吧！
呵呵
……真是的，拿你們這些傢伙沒辦法……
哈哈哈
呵呵
叩！
Z……
咚！

3-8 優位感覺③

平常試著用五感全面感受

試著徹底運用五感

我們都是透過五感所接收的資訊來解讀世界。**五感的運用方式因人而異，每個人的優位感覺也各不相同。**例如，當聽到「故鄉的風景」一詞，你的腦海中會浮現什麼樣的印象呢？

會用「有山有河，廣大的田地……」來表達的人，是視覺優位者。會說「微風輕拂，還能聽到溪水潺潺、麻雀吱吱喳喳……」的人，則是聽覺優位者。身體感覺優位者，或許會形容「早晨的空氣清爽宜人，森林的芳香讓人神清氣爽」。

有優位感覺是一件好事，但**增加徹底運用五感的機會，也很重要。畢竟當五感都感到愉悅時，也有助於穩定精神**。此外，透過配合對方的優位感覺，會讓溝通更順暢，也有紓壓的效果。

如今，在都會裡接觸大自然的機會變少了，即便有自然環境，愈來愈多的孩子似乎因為會被責備「不能弄髒」等原因，不再挖沙玩土了。

然而，平時就親近草木芳香的人，一聞到檜木的香氣等，應該就能覺得放鬆。赤腳走在沙灘上或是接觸到土地，也都能覺得安心。畢竟，沒有什麼比得過積極運用五感體驗大自然了。

當你閉上眼睛吃巧克力時

就算在室內，你也有機會重新掌握五感。其中一項練習就是在閉上眼睛的狀態吃巧克力。

由於是在不知道會吃進什麼口味的狀況下，小心翼翼地把東西放進嘴裡，所以一開始往往答不出來自己吃了什麼。此外，即便你試吃幾種不同口味的巧克力，也可能分辨不出彼此的差異。

若是把柳橙汁或葡萄柚汁倒進小紙杯裡進行「盲測」，說不定也有人會弄錯。平常眼睛看得見的人，習慣用視覺解讀事物，然後在腦中進行判斷，所以當視覺資訊被隔絕時，就會感到不安。反過來說，因為**視覺資訊被隔絕了，聽覺和身體感覺就會變得敏銳**。

運用蘋果讓五感變得敏銳

現在要教大家一個可以掌握五感的簡單方法。

首先，試著拿著一顆蘋果，好好感受一下它的重量。平常我們吃蘋果時，沒有機會去意識到一顆蘋果的重量，在這時刻意感受一下。

接下來，仔細觀察蘋果。雖然很多人都直接認定「蘋果＝紅色」，但仔細端詳後會發現，不只是紅色，還參雜了各式各樣的顏色。然後，你切開蘋果，此時也要用心感受刀子切下去的感覺、會發出什麼樣的聲音或香氣等。

最後，你還要留意把切好的蘋果送進嘴裡時，感受到什麼樣的味道，咬下時的感覺。**切蘋果來吃……。把它寫成文字的話是非常簡單的，但只要運用五感細細感受，就能讓感覺變得更敏銳。**

徹底運用五感去感受，讓各個感覺變得更敏銳。

有時其實是優點
慌慌張張
達達達
常常出錯
啊！
咚
樂觀
愛說話
我個人的話
行動派
總是積極
呵呵，不好意思
富挑戰精神
話題豐富

第四章

應用 NLP，穩健達成目標

4-1

目標設定

肯定且具體地以五感想像目標達成的樣子

達成目標的重點

應用ＮＬＰ達成目標的重點，依序說明如下：

❶使用肯定的說法

當你把目標或想要的結果化為語言時，就會變得明確。此時，**若使用否定的說法，大腦將無法順利理解。**

若說「絕不引發事故」的話，意識會不自覺地聚焦在「事故」這個字眼上，所以「安全第一」是更恰當的說法。若目標是「注意不要變胖」的話，「想要變得苗條」的說法會更好。

❷以自己為中心設定目標

目標並不是靠別人幫你實現，而是要靠一己之力達成的東西。就算父母再怎麼期待你「考上〇〇大學」，你不念書的話，勢必也很難考上。

若有討厭的上司，不要覺得「要是上司調動就好了」，而是要以自己為中心，設定像是「實現被派往國外」之類的目標。

❸目標要具體且詳細

要明確指出時間、日期或場所等。若要減肥的話，就可以設定「在八月和家人一起去夏威夷之前，要瘦五公斤」這樣的目標。

❹必須是五感能夠想像的目標

當目標達成時，自己必須要能認知到目標達成了，所以不是「感覺似乎達成」，而是能否用五感感受到達成的狀態。

若是能透過五感實際感受到，就能提早達成目標。因為大腦的機制會覺得這樣的狀況彷彿就是現實，讓你更容易積極行動以達成目標。

舉例來說，當你有了想要創業的目標時，光是設定「〇年內要創業」這樣的目標並不足夠。

為了讓目標不淪為空談，而且能更具體，不妨試著用五感去想像。想像自己會在什麼地方、周圍有什麼樣的人、會聽到什麼聲音、如何行動等。如果過去有過成功的經驗，實際取得什麼成果的話，想起當時的感覺，會更容易想像。

❺掌握資源

為了達成目標，就要具體掌握自己能夠活用什麼樣的資源。「可以找學生時代的朋友合夥」、「能獲得家人的支持」、「過去在業務工作上培養的韌性」等，**試著把至今為止的人生重新盤點一次，確認自己的資源（人際關係、技能、長處、才能、所有物等）。**

在理解這些重點後進行實踐，達成目標的可能性就會確實提高。

為了達成目標
①要用肯定的說法
不要出錯
凡事確認！
設定目標
②以自己為中心
目標是營業額No.1
擁有自己的店
取得證照
就算你這麼說
真讓人興奮呢！
③要具體且詳細！
要在今年內考上
在五年內存夠資金
為此現在應該要做的是…
④運用五感來想像
七年後要創業…
背景音樂是…
在〇〇路的沿線
懷舊的店面…
工作人員需要〇人…
客層是
⑤掌握資源
宣傳就委託當設計師的朋友…
要利用熟客的口耳相傳
進貨就拜託在巴黎的朋友…
總務的工作…
不夠的資金就請家人…
經營的知識…
業務活動就…
啊…咦？
!
自己的資源完全不夠…
通往夢想的道路仍舊充滿荊棘啊！

4-2 彈性設定合理的目標

上推（chunk up）與下切（chunk down）①

上推下切後就容易著手

在NLP理論中也會活用「歸類」（chunking）的方法。所謂的chunk就是「模塊」，用來指解讀事物時的「概括」。

將事物用較大的範圍來解讀，稱為「上推」（chunk up，又稱上堆、向上歸類），**是從部分擴展至整體。用較小的範圍來解讀，則稱為「下切」**（chunk down，又稱向下歸類）**，是從整體限縮至部分。**

這樣的歸類變更，有助於達成目標。

例如，F先生想要「變成有錢人」、「變得幸福」，但由於目標很抽象，沒有做出任何具體的行動。像這種情況，可以在**下切後把目標變得更小、更具體一點**。

如果是「想要變成有錢人」的話，就要思考什麼樣的狀態是有錢人。有的人或許會回答「經營公司，年收入一億元」，別的人或許會回答「年收入一千萬元」。

雖然都是「有錢人」，但**基準因人而異，所以運用後設模式下切的話，目標就會變得明確**。接著，進一步把「年收入一千萬元」下切，就能歸納出「跳槽到條件更好的公司」⇩「通過證照考試」⇩「每天念書」⇩「教科書一次要看完十頁」這樣更小的目標，就更容易著手進行。

「想要減肥」之類的目標也是同樣的道理。只要下切之後，就能設定出「每週上三次健身房」、「減少百分之十的飯量、減少熱量」等目標。

目標過於零碎時就上推

當目標過於細碎時，就上推把目標抽象化，再次確認目標的意義，就能得到提高幹勁的效果。

舉例來說，「每天背五個英文單字」的目標就很具體。但是光看這個目標，不會知道為何要這麼做，也可能導致沒有持續下去的動機，簡直就是「見樹不見林」。

把「每天背五個英文單字」上推的話，就是「提升英文能力」，再往上推的話就是「實現海外工作的夢想」，更上推的話則會到達「追求幸福」、「自我實現」這一類的層級。

人類只有對自己覺得有意義的事，才能付出努力。當發覺自己的努力與「追求幸福」、「自我實現」息息相關時，就會更有動力。我們都必須像這樣去發覺自己重視的價值觀。

對於事物的解讀方式，每個人都有自己的個性。

容易下切的人，往往把事物解讀得太過細微，以至於不容易看到整體的樣貌。傾向於上推的人，有時則會因為粗略地解讀事物，而沒有注意到細節之處。

知道自己的傾向後，設法改變歸類，在面對目標時就能更靈活地採取行動。

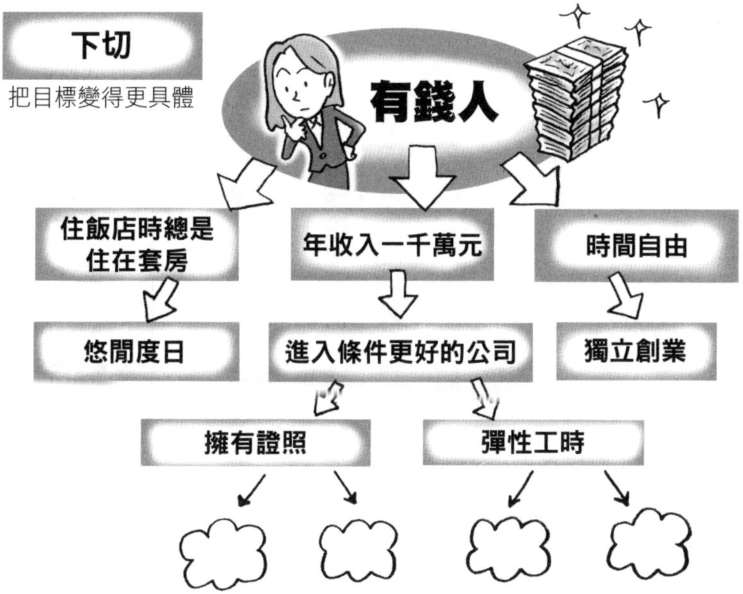
下切
把目標變得更具體
有錢人
住飯店時總是住在套房
年收入一千萬元
時間自由
悠閒度日
進入條件更好的公司
獨立創業
擁有證照
彈性工時

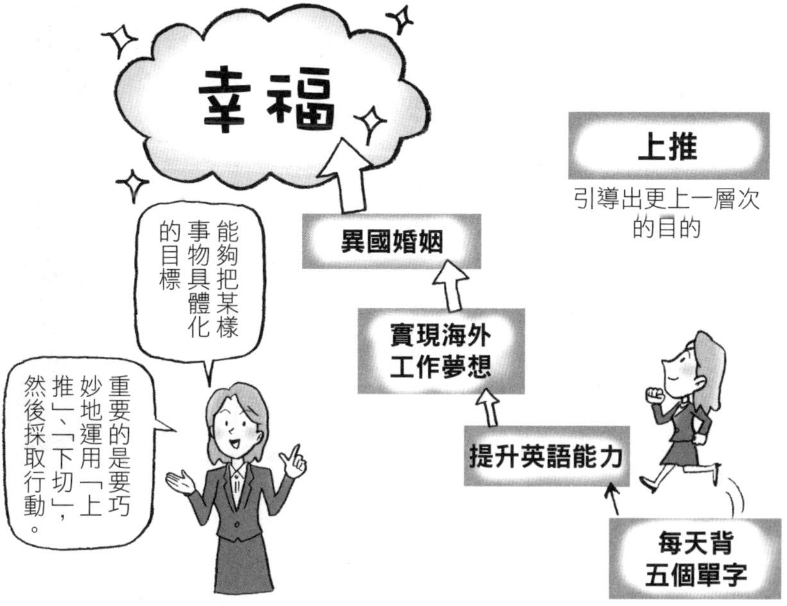
幸福
上推
引導出更上一層次的目的
異國婚姻
實現海外工作夢想
提升英語能力
每天背五個單字
能夠把某樣事物具體化的目標
重要的是要巧妙地運用「上推」、「下切」，然後採取行動。

4-3 潛意識訊號 ❶

確認目標是否符合期望

運用潛意識訊號，檢視目標是否符合期望

明明設定了具體且五感能夠想像的目標，卻遲遲無法行動。這種時候，有可能是因為你並不希望達成這個目標。

大腦在思考，身體卻無法行動，是因為存在了某些意圖，像是本能地覺得「若採取這個行動會有生命危險」，防衛機制起了作用。

又例如過去某些失敗經驗造成創傷，導致「會不會又重蹈覆轍」的恐懼心情作祟。為了跨越這道高牆，需要勇氣。在這種時候，不妨先檢視一下自己是否真的期望達成這個目標。

NLP理論中有一項稱為「**潛意識訊號**」（參照119頁）的方法，具體進行

方式如下。

首先，在置身某個特定心理狀態後，面對站著的自己，對自己說：「請告訴我如何判斷自己的潛意識回應是『好』，請發出『好』的訊號讓我知道。」

這麼做之後，有時候身體會搖晃，或是手會擺動。甚至有人會出現更淺顯易懂的訊號，例如身體向前或是退後等。

接著，再問：「這是『好』的訊號嗎？」同樣地，身體也會出現手擺動，或是身體往前後任一方向搖晃的反應。

在身體出現反應時，要說聲「謝謝」表達感謝之意。

各位或許會覺得有點不可思議，但我們在日常生活中，其實都有過潛意識表現在身體反應上的經驗。

舉例來說，在工作場合上，上司交代工作時，你是否曾經有過「不知為何有種不好的預感」，覺得忐忑不安的經驗？而且偏偏就是這件工作在實際著手之後，瑣碎的作業一大堆，落得天天都要加班的下場？

身體感覺優位者，潛意識訊號會轉變成胸口抽痛、胃痛或是腦袋昏昏沉沉之類的症狀顯現出來。甚至有人因為工作或人際關係不順利，累積龐大壓力，最後生病了。當身體不動時，都是因為存在了什麼正面意圖。因此，可以用一些方式來找出替代方案（參照114頁）。

改變過去不愉快的回憶

如果自己明白是因為過去不愉快的回憶而裹足不前的話，透過改變次感元，就能改變不愉快回憶的解讀方式（參照60頁）。

先想起不愉快經驗的影像，再透過讓這個強烈的影像失焦，或是把彩色畫面變成黑白等，就能夠產生改變不愉快經驗的效果。

由於在回想強烈的影像時，多半是以動畫的方式出現，所以你也可以把它變成靜止畫面，或是用超快的速度快轉。

如果你會想起討厭的聲音，就試著改變那個聲音。當你把聲音變小或變慢時，也會對不愉快經驗的當下有不同的感受。

當身體的感覺很強烈時，也可以試著改變溫度、濕度或觸感等。

在改變這種過去不愉快經驗的時候，可以試著從自己心中覺得較不要緊、比較輕微的不愉快經驗開始挑戰。

①
…「好」嗎？
請給我訊號。
③
這是「好」
的訊號嗎？
搖晃
②④
⑤
謝謝你
給我訊號。

4-4 上推與下切 ❷

寫出價值觀後，重新審視

透過書寫釐清優先順序

在「達成目標」上，有些人往往不知道該把什麼設為目標，或是目標太多了，不知道該從何開始著手。

首先，你不妨試著找出自己在工作或私生活上的價值觀，在紙上寫出「自己覺得如何」、「在什麼時候會感到滿足」。

舉例來說，有人寫出以下的字句：

「工作是自我實現的手段。在工作上獲得許多人認可時，我會感到滿足。」

「跑步時能夠讓我充電，也能維持健康。跑完每天固定的行程時，我會覺得很有成就感。」

「如果有錢的話，生活就更自由。能有很多錢的話，當然更好。」

「希望孩子有好學歷。若他能成為具社會影響力的人，更讓人開心。」

另一方面，也有人寫出以下的字句：

「工作是維持生活的手段，不想過度勉強自己。」

「我的興趣是看電影，看電影就是我人生的全部。看電影的時間最幸福。」

「錢只要足夠維持生活就好。時間比金錢更重要。」

「希望孩子追求自己喜歡的事物。比起學歷，我更希望他們在自己感興趣的領域有所發展。」

試著寫出十項左右，再依照「自己覺得舒服的順序」來調換每個項目。想必工作優先的人會把工作放在第一位，而興趣優先的人會把興趣視為最優先的項目。

一旦寫出來之後，經由「調換順序」的作業，就會知道對自己而言優先順序

較高的事項，接著再針對這些事項深入挖掘，就能釐清該設定什麼為目標，以及如何著手進行了。

事與願違時也試著寫出來

我也推薦在你覺得不順遂時試著寫出來。

舉例來說，**當工作不順利而覺得心煩時，或是做著喜歡的工作，但每天都很忙碌，精神上吃不消時，可以試著寫下因工作而感到滿足的情境。**

「能認識各式各樣的人的時候。」

「工作順利完成，受到上司稱讚的時候。」

「領薪水和獎金的時候。」

「讓客人覺得開心的時候。」

「升職的時候。」

「和團隊一起開心分享成果的時候。」
「擔任領袖，帶領團隊的時候。」

然後按照前述的要點，重新排列自己寫下來的項目。

你會發現「原來我過去在工作時總是想著要讓顧客開心」等，或許你對工作的價值觀會變得明確，心中渾沌不明的情況也會消失。

此外，現在的工作不順遂，下定決心要換工作的時候，把價值放在較上位的項目上來找，應該就能找到具有意義的新工作。

這種排列及調換順序，也是一種歸類（上推或下切）。

○○
精品店
我先告辭了…
許小姐？
無精打采
唉！累死了…
每天都好忙，無法從容以對，總是在出錯，業績也沒有起色。我到底是為了什麼在工作啊？
我的人生目標是什麼？我已經搞不清楚了。
試著把心中亂七八糟的思緒寫出來，就能整理出頭緒喔！
…店長說的…那試試看吧！
重新排序
認識很多人
被稱讚
獎金
升職
讓顧客開心
讓顧客開心
被稱讚
認識很多人
升職
獎金
讓顧客開心
認識很多人
被稱讚
升職
獎金
「從小的夢想」「客人喜悅就是自己的喜悅」…
對啊！所以我才選了這個工作啊！
不能總是嘆氣。加油！
歡迎光臨！
謝謝惠顧！
咦？她好像擺脫了什麼似的。
那就好。

4-5

目標的限制

在不設限的情況下，盡可能寫出「自己」

思考沒有任何設限時「想做的事」

踏入社會之後，有愈來愈多人隨著經驗的累積，反而愈來愈看不清自己真正想做的事。在公司裡，必須在預算和人力這類限制下取得成果，不斷重複這樣的經驗後，任何構想勢必都會變得自我受限。此外，在公司的方針下，必須在各個部門或並非自己期望的部門工作，久而久之有些人甚至失去了目標。

然而，在某些狀況下也不由得你輕易做出離職的決定。尤其是到了四十五歲之後，父母的照護和育兒等限制，占據了腦中的大部分空間，你就變得愈來愈沒有機會思考自己的人生目標。

不過，就這麼斷定「反正真正想做的事也沒辦法做」，真的好嗎？**為了確認**

目標，建議你可以試著寫出「自己的存在價值」、「自己真正喜歡的事」。由於籠統地寫出來會漫無邊際，你可以聚焦在「工作」、「興趣」等主題來寫。

這時，要先排除限制後再來思考。假設你沒有照顧父母、育兒、經濟方面的限制，然後寫出自己真正想做的事。

「想要經營一家咖啡店」、「想要學習才藝」、「想要畫自己喜歡的畫」等，應該會出現各式各樣的想法。寫出來之後，試著自問一下：「是否真的百分之百沒辦法實現？」

在實現機率是零的項目上標△的記號，即便只有一點點機會，但仍有可能性的，請標○的記號。接著，你應該就會發現可能辦得到的事項還是存在的。

不一次全寫完也沒關係

對於「想要經營一家咖啡店」這類的遠大目標，馬上就會浮現資金或時間上的限制。因此，你要試著自問：「假設資金或時間上的條件都滿足的話，我能夠做些什麼？」

「去上開咖啡店的專門學校」、「學習如何經營咖啡店」、「尋找適合的店面」等，相信你可以寫出很多東西。即便明天或一個月後無法辦到，但下切（參照138頁）後就能找出中長期能夠做到的事。

如此一來，你就能發現「週末去觀摩知名咖啡店」、「閱讀經營咖啡店的書」等具體且較小的目標。若試問自己，需要多少時間才能實現所有的計畫，或許就能得出「能夠以五年計畫開出一家咖啡店」的結論。

要用一、兩個小時寫出所有內容，是很困難的。從我的經驗來說，很多案例都顯示，想要在短時間內寫出所有內容時，反而只會冒出很表面的目標。

就算沒能振筆疾書也沒關係，不妨分成好幾天慢慢寫，例如晚上睡前騰出一些時間寫一點，隔天再寫一點……用這樣的方式拉開一些間隔。

在大概全部都寫出來之後，把這些項目排列一下，總結自己想做的事。**出現好幾次的關鍵字，就是你真正有興趣的事，可以把焦點集中在此。**其中也有人會發現自己意想不到的興趣，這就代表著透過書寫可以發現新的自己。

某一天的午休
等我一下嘛！
快點，快點！我們去吃午餐
咻～
你的文件掉了…
快！
噠噠噠噠
我真正想做的事
嗯，
這是……
「真正想做的事」啊？
我也曾經有過充滿夢想的時期啊！但隨著歲月流逝，肩上的負擔也愈來愈多。現在啊…
年輕真好！
愛妻便當
方小姐，你的東西掉了喔！
咦？到底放到哪裡去了？
啊？那是…
被部長看到了…糟了…
不要放棄夢想，請好好加油！
為什麼？我還以為他一定會罵我…
背影看起來有淡淡的哀愁…

4-6 矛盾整合（visual squash）

整合迷惑處，進行解決

整合內心糾葛的方法

對於某件事情「不想做，卻還是做了」、「想要做，卻做不到」。這種時候可以運用的方法就是「矛盾整合」（visual squash，直譯為視覺揉合法），**也就是從造成內心糾葛的部位（parts）中發現正面意圖，整合兩者來解決糾葛的方法**。

假設G小姐「想換工作卻做不到」。

於是，G小姐詢問「如果想換工作的部位在手上的話，是哪一隻手？」後，得到的答案是右手。

接著，**她用右手請身體透過五感告訴她，這個部位是什麼情況。**

然後，她再問換工作能帶來什麼好的意圖，結果得到以下的回答：「在時間上更充裕，有時間參加本來想上的英文課。」

第二步則是詢問：「左手有什麼樣的部位嗎？（應該有具備完全相反意圖的部位）」這個範例中，左手有不換工作、想要維持現狀的部位。

接著，**請身體透過五感，告訴她左手部位是什麼情況。**

然後，她再詢問維持現狀有什麼好的意圖，結果得到以下的回答：「在人際關係上有很多覺得困惑的地方，但今天能夠談談這件事，讓心情從容了一些。」

得到結論之後就進行整合

接下來，**讓兩掌相對，進行討論。**

「如果能夠做到本來想做的事，能夠得到什麼？」

「聊聊這件事、心裡覺得從容一點之後，能夠得到什麼？」

接著，**進一步詢問雙手的部位，繼續討論。**

為了找到兩方都心服口服的目的，請重複進行幾次。

若討論進展到兩方都能夠同意的時候，雙手就會慢慢地靠近彼此。當手上的兩個部位觸碰後，就合掌進行整合。

這時，你要充分感受身體發生的變化，把整合後的新部位（parts）召喚進入自己的體內。

你要去感受是身體的哪一個部分在吸引雙手，把雙手移動到那個地方。

然後想像未來，確認那是否為有用的東西。

當理想的自己與現實的自己，以部位（parts）的形式存在並產生糾葛時，就要找出這種想法背後的正面意圖。

當兩手的部位無法觸碰時，表示尚未取得共識，所以潛意識表現出「兩方個別的正面意圖尚未充分顯現」，就要更進一步持續詢問雙手的部位。

這就是矛盾整合，能夠處理日常生活中的內心糾葛。你可以把這個方法運用在一不小心吃太多、想要冷靜討論卻變得情緒化等狀況上，以釐清部位的正面意圖並整合兩者。

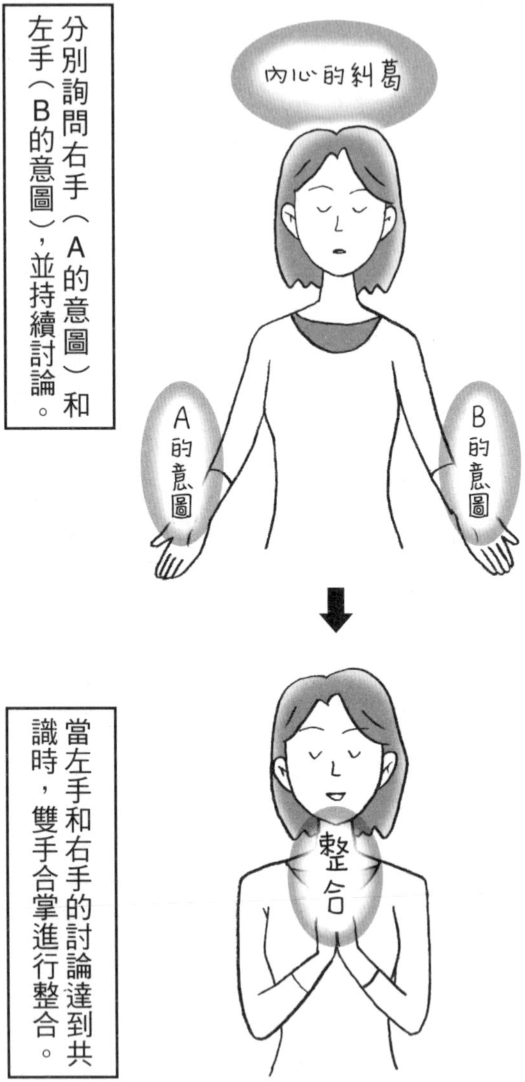
分別詢問右手（A的意圖）和左手（B的意圖），並持續討論。
內心的糾葛
A的意圖
B的意圖
當左手和右手的討論達到共識時，雙手合掌進行整合。
整合

4-7 閃變（Swish）

在一瞬間實現理想的自己

把自己覺得討厭的行動或狀態等，調換成自己成功的行動或狀態，就是名為「閃變」（Swish）的技巧。Swish 這個字原本是用來表達「皮鞭等物品發出的咻咻聲」的狀態。

想像自己的理想形象

例如，H小姐為了考取證照，正在拚命用功，但常常回過神來才發現自己沉迷在社群網站上。為了達成考取證照的目標，H小姐必須把一直滑手機的行為，轉變成「念書」的行為。

在閃變時，首先要想像一個畫面，它是會引發你去做其他行為的誘因，然後再想像一個你理想形象的鮮明生動的視覺畫面。

接著，你在腦中螢幕把覺得討厭的畫面想像得**「又大又亮」**。在這個例子中，會浮現的就是拿著手機看社群網站的畫面。

然後，想像你在書桌前讀教科書的畫面。把這個畫面縮小，想像它在腦中螢幕的角落裡**「又小又暗」**的狀態。

接下來，你在呼喊「閃變」口號的同時，在一瞬間切換這兩個畫面。

於是，**較小的畫面（理想形象的畫面）會變大，較大的畫面（自己覺得討厭的畫面）會變小。**

重複這個動作五、六次左右。在進行的同時逐漸加快速度，也是一個重點。

大小調換過後的畫面影像，就會成為一瞬間實現理想自己的開關。想要達成理想自己的情緒，將會愈來愈高張。

一瞬間切換成理想反應

「一拿起手機，就會忍不住想要看一下社群網站。」
「一看到討厭的A先生，心情就會變差。」
「一看到拉麵店的門簾，就會想吃得不得了。」

像這樣的**衝動反應，都和特定的視覺形象強烈地連結在一起。在消除這類的反應並切換成理想反應上，閃變是有效的技巧。**

重點就是，在呼喊「閃變」口號的同時，要把視覺形象調換，把大的變小、把小的變大。

一開始，你不妨使用類似螢幕的實體東西來進行。此外，也有一種方法是運用雙手切換想像的畫面（用一隻手把畫面拉近至眼前，再用另一隻手推開）。

當你做得很順手時，就能在一瞬間從不如己願的自己，轉變成理想的自己。

想要念書
考取證照，
卻總是
一不小心就在
滑手機的我。
啊…明明知
道不應該，
但就是停
不下來…
在這個時候，我認識了
「閃變」
首先，把想改
變的自己想像
成大畫面。
閃變
在喊出口號
的同時，把
自己的理想
形象變大。
練習在喊出口號的同時，
閃變
閃變
閃變
迅速地把畫面
由大的切換成小的。
靠著一聲口號
就能迅速做到
行動的切換…
但是…
閃變
好！
念書！
閃變
呃，
什麼？
驚
好像得練習
小聲一點才行…

第五章

NLP 活用時間管理法

5-1 時間軸（Time Line）

認識自己的時間軸

運用時間軸，讓時間成為你的神隊友

為了讓時間成為你的神隊友，幫助你實現更美好的未來，有一種名為「時間軸」的方法。

我們在日常生活中，經常會說出「朝未來邁進」、「回顧、反省過去」之類的話。這就表現出時間軸是存在於腦內的。

所謂的「時間軸」（Time Line），是指在腦內把過去、現在、未來的時序用一條線連結在一起。

舉例來說，假設明天公司裡有一場會議，試著在腦中想像一下，參加會議的自己是處於自身周圍的哪一區。假設三個月後預計有一場會議，參加那場會議的自己又位於哪一區呢？出席今天早上會議的自己位於哪一區呢？一個月前、三個月前的呢？

若把這些點連接起來，就能看出自己的時間軸。

有人想像的時間軸是以自己為中心，前方是未來，身後是過去。也有些人想像的時間軸是過去在左，未來在右。

時間軸的形式因人而異。有些人把時間軸想像成一直線，也有些人把時間軸想像成螺旋形狀。

就好像有人會說「光明的未來」、「未來很黯淡」之類的話，每個人的時間軸的大小、亮度、鮮明度，也有差異。

首先重要的是認識自己的時間軸。每個人的時間軸都不相同。

時間軸可以修正

時間軸會影響人類的行為和感動。

時間軸上的明天和一個星期後、一個月後在眼前重疊的人，總是忙忙碌碌的，有可能老是覺得自己被時間追著跑。我在講座上請全部的參加者共享交疊的時間軸時，大家都說「好痛苦」。

這樣的**時間軸也可以靠自己修正**。

把交疊的線拉直，讓人能夠放眼遙望整體時，就會轉變成「或許不用那麼慌張」的實際感受。

對將來感到不安時，未來的時間軸往往有點模糊不清。

因此，**你可以在眼前把時間軸用力地往左右拉，讓它變成你可以俯瞰整體的狀態。然後，你把未來的影像變得明亮、鮮明的話，就會覺得未來的前景變好了。**

最終，你就能面對未來的目標，採取應該採取的行動。

此外，拘泥於過去的人，過去的時間軸往往遮蔽了眼前的一切。**若是把這個過去的時間軸變小，並移動到遠處，就比較不容易被過去絆住。**

所以，諸事不順時，透過重新審視並改變自己的時間軸，就能再重新開始。

時間軸就是用來表現腦海中「過去、現在、未來」的時序軸線。
我的是一直線。
過去
現在
未來
我的是螺旋形狀。
未來很黯淡，而且渾沌不明。
時間軸的形象因人而異。
若時間軸錯綜複雜的話，會對實際行動和精神都有影響⋯
看不見未來⋯
該從什麼著手才好呢⋯
現在我該做的是？
事情接二連三來到眼前⋯
這時，試著把時間軸在眼前用力地往左右拉，應該就能看到明亮的未來！
腦袋瞬間清爽許多！
變得積極了！

5-2

時間的有效活用

仔細檢視你的二十四小時

讓時間的使用方法「視覺化」

為了有效運用時間，你不妨先檢視自己是如何度過一天二十四小時的。

準備一個時鐘形狀的時間表，寫下自己如何使用一整天的時間。平日和假日都要記錄。你也可以運用 Excel 的環圈圖，利用數據製成。智慧型手機裡也有各式應用程式，你可以從中尋找方便使用的。

只要逐一檢視從星期一到星期天的時間，你就能更正確地掌握狀況。還有一種方法是以十五分鐘為間隔，詳細記錄下自己運用時間的方式。難以詳細檢視到這種程度的人，只要在自己能力範圍內記錄即可。

試著釐清自己的行動之後，就能把在什麼事情上花了多少時間「視覺化」。

即便是生活忙碌的人，一整天當中總會在某個時刻有空檔時間，但自己卻沒有發覺。**重新檢視後，你就會發現「可以活用這段時間」這一點。**

舉例來說，在工作中明明有很長的時間都花費在交通往返上卻總是放空的人，不妨找出可以利用移動時間進行的一些事。

也有人發現自己在開會前一定會提早十五分鐘抵達，就可以設法找出活用這段空檔時間的方法，例如閱讀或是回覆信件。

至於時間總是被瑣事占據的人，就得檢討要減少瑣事，還是把瑣事委託給他人處理。把購物時間集中為一星期一次等，就是擠出時間最具代表性的方法。

試著空出自由的時間

把時間視覺化，**也會成為一個契機，讓你能夠重新審視那些過去以「沒有時間」為由而沒做的事。**

請你再一次自問，如果覺得「想做」的話，不妨挑戰一下活用擠出來的時間。

為了達成目標而想要考上證照的人，應該能把擠出來的時間活用在念書應考上。

也有另一種可能是你發現「自己並不想做」，這時就要思考把空出來的時間活用在其他方面的方法。例如，「把今天一整天發生的或學到的事，透過社群網站發表」等，應該能夠想出各式各樣的活用方法。

不一定要挑戰新事物。總是很忙碌、壓力纏身的人，也要空出休息的時間。

或者，同樣是花費在交通移動上的時間，也可以從另一個觀點來探討如何靈活運用「為了健康走路」、「利用電車縮短時間」等狀況。

就我所知，有好幾位女性都為自己打造了祕密的時間。

其中一人在一星期裡會確保有兩個小時是「給自己的時間」，用來整骨、上美容沙龍等自我療癒上。

另一位則是把星期五傍晚設定為自由時間，享受在咖啡店的悠閒時光。

啊！工作太忙了！我完全沒有自己的時間！
啊，你今天又要借酒澆愁了嗎？
你要不要試著把時間「視覺化」，看看是不是真的沒有時間？
智慧型手機的應用程式？
哇！
試著把一整天的行程盡可能詳細輸入進去。
咦？空檔的時間還滿多的耶！
看吧！「自己的時間」擠一擠就有的！
好！今後我要好好地空出一些給自己的時間！
太好了，你終於打起精神了！
那我們再開心地喝一下…
…才不要，這太浪費時間了，我要回家了！
喂喂！你也不必這樣吧！

5-3

時間軸的練習

與其被時間支配，不如支配時間

審視過去不愉快事件的時間軸練習

時間軸是無形抽象的東西，長短和方向由個人在腦海中自行設定。不過，**有一個方法是透過試著實際走在時間軸上，以重新審視自己。**

做法如下：想像有一條時間軸，自己站著的地方是「現在」，前方是「未來」，背後是「過去」。

這是對於過去曾經發生令人難過、後悔之事的時間軸練習。利用時間軸，回到發生該事件的過去。

首先，**朝著特定的「過去」時間點往後退**（見175頁上圖①）。

實際移動身體走在時間軸上，更容易感受到時間軸的存在。你可以自行決定像是「往後退三步的地方就是該時間點」等，會更容易想像。我在指導時間軸的練習時，甚至有些人會說：「比起走在時間軸上，在空中漂浮更方便移動。」

接著，**在「過去」經驗發生的時間點上，再往後「退一步」**（見上圖②）。把退後之後的時間點變成「現在」，要在這個時間點上確認該經驗。

接著，**移動到稍微遠離時間軸的位置，從第三者的觀點遠看時間軸上發生「該事件」的時間點**（見上圖③）。如此一來，就能冷靜地觀察該事件。

然後，**一邊想像採取理想行動的自己，一邊回到時間軸上「現在」的地點**（見上圖④）。

站在稍微更遠一點的「未來」，再度確認解讀該事件的方式有什麼變化（見上圖⑤）。

達成目標的未來時間軸練習

在這種情況下，首先要**站在時間軸上「現在」的位置**（見175頁下圖①），然後**從這裡決定達成「未來」目標的時間點**（見下圖②）。

接著，**從「現在」朝「過去」往後退。在過去，自己曾經懷抱信心，朝目標努力投入。回到那個時間點，仔細感受自己能夠實現目標的感覺**（見下圖③）。

然後，**再度回到「現在」的地點**（見下圖④）。

從這裡朝向未來前進。未來的自己已經達成目標，請你透過五感感受達成目標的時間點所發生的事、當時的情景或周圍人群的聲音等。

從**「未來」的地點回頭，對著處於「現在」位置的自己喊話**（見下圖⑤）。

隨後，從未來的方向再度回到現在。看看達成目標的自己，把運用五感確實感受的感覺，化為自己的內涵後，從時間軸上離開。

審試過去不愉快事件的時間軸

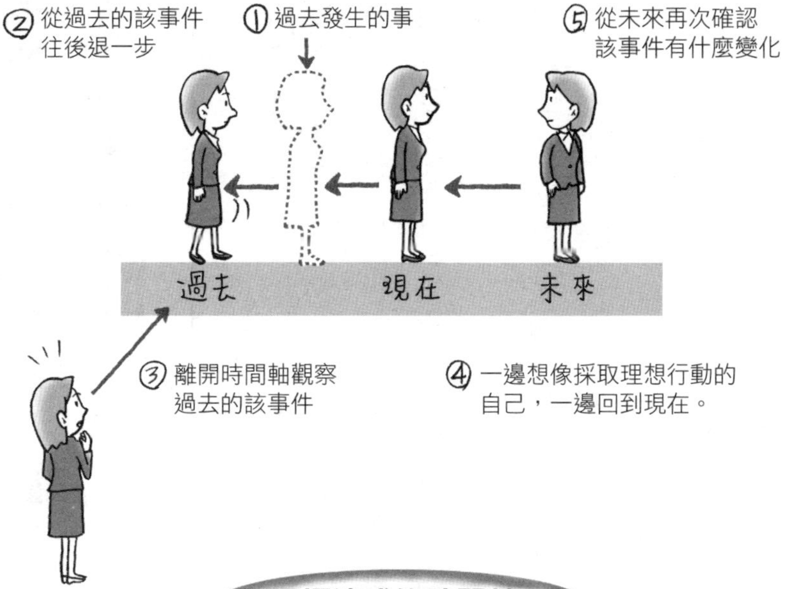
②從過去的該事件
往後退一步
①過去發生的事
⑤從未來再次確認
該事件有什麼變化
過去
現在
未來
③離開時間軸觀察
過去的該事件
④一邊想像採取理想行動的
自己，一邊回到現在。

目標達成的時間軸

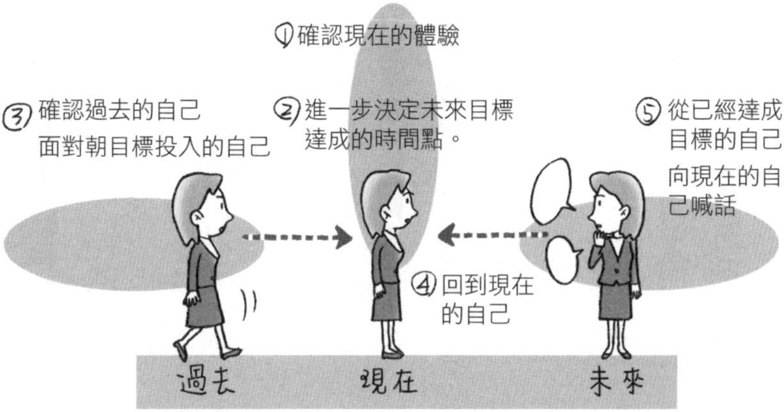
①確認現在的體驗
③確認過去的自己
面對朝目標投入的自己
②進一步決定未來目標
達成的時間點。
⑤從已經達成
目標的自己
向現在的自
己喊話
④回到現在
的自己
過去
現在
未來

5-4 外時間軸（Through Time）與內時間軸（In Time）

靈活運用時間軸

時間軸有兩種

時間軸大致可分為兩種類型。**在遠離時間軸的地方觀察及感知的人，是「外時間軸」（Through Time）型；自己身處時間軸當中的，則是「內時間軸」（In Time）型。**

前文說明過「結合」與「分離」（參照82頁）。結合型的人比較傾向於內時間軸型，而分離型的人則傾向於外時間軸型。

大多數外時間軸型的人，在想像時間軸時，會覺得時間軸是橫向通過自己的前方，彷彿在看歷史年表的感覺。從自己的方向來看，左側是過去、正中央是現在、右側是未來，這種人比較多，但也有些人與此相反，以右側為過去、左側是未來。

外時間軸型的人，由於會全面眺望過去、現在到未來，所以善於時間管理，也喜歡有計畫地行動。經營者擅長以俯瞰的角度觀察並思考公司的成長，大多傾向於外時間軸型。

另一方面，內時間軸型的人在想像時間軸時，時間軸是通過自己內部的。許多人都想像過去在背後，未來在前方。

內時間軸型的人善於感受、享受，或是聚焦在現在的時間。總是熱中於某項事物的人，一般都會變成內時間軸型。也就是說他們容易忘記時間的流逝、享受當下。情緒比較容易高昂的人，多半為內時間軸型，相對來說是不善於擬定計畫的一群。

試著切換時間軸

內時間軸型和外時間軸型並沒有好壞之分。不過，**知道自己的時間軸類型，**

就能靈活地運用外時間軸和內時間軸。

想要切換時間軸時，試著分別移動自己想像的時間軸線。

外時間軸型的人往往無法過於熱中某些事物，比較不善於同理。如果這類型的經營者在工作時偶爾透過切換為內時間軸型，就可以為工作人員帶來活力。

尤其是比較缺乏活在當下感覺的人，若能把時間軸切換至內時間軸，讓時間軸變得更鮮明的話，這些感覺也會變得更清晰明確。

另一方面，每天都匆匆忙忙的內時間軸型，總是覺得自己被時間追著跑。此時，光是切換成外時間軸型，心情應該就會輕鬆許多。

即便覺得自己被時間追著跑，但冷靜觀察後，甚至可能會發現有些工作根本不做也可以。不妨偶爾切換成外時間軸，從遠處看自己的時間軸。此外，想要按照計畫推動事情時，切換成外時間軸也是有效的方法。

此外，使用過的時間軸，要好好歸位喔！

內時間軸型的人容易熱中在某些事物。
無論工作或玩耍都要全力以赴。
提早上班、加班，不算什麼。
休假時一整天都在玩。
啊…太過拚命，筋疲力盡了…
我知道你很努力，但能不能更有計畫一點呢？
外時間軸型的人很冷靜、很有計畫
你太過浮誇了！
不過對事物的同理不太擅長
金小姐，你應該要更放鬆隨和一點嘛！
人生超級無聊的啊！
冤家二人組又開始吵架了…
再怎麼說，他們的感情或許滿好的…
如果能把兩個人的各一半組成一個人，就剛剛好了！
呵呵
哎呀，這種事怎麼可能啊！
哇哈哈

5-5 輸入（input）與輸出（output）

重新檢視自己度過一整天的方式

把一天用「輸入」、「輸出」來分類

試著用輸入、輸出的觀點，來重新檢視自己的一天二十四小時。

「輸入」包括了從報紙、雜誌或網路上獲取資訊、在學校等學習、閱讀、看電視、聽廣播的時間等。

「輸出」則包括了在社群網站上發表訊息、向朋友或家人介紹或告知什麼資訊、寫日記的時間等。

雖然因職業類型而異，但工作中也有輸出與輸入的時間。舉例來說，接受上司的指導或是閱讀會議資料時，就是輸入的時間；在企畫會議上發言、提案，或是談生意時，則是輸出的時間。

把一天的時間用輸入和輸出來分類的話，自然就能知道自己是如何度過一整天，處於什麼樣的立場。

屬於輸入的時間裡，若在網路上有總是必看的資訊時，就有可能反映出自己的興趣所在。例如，總是在看美國相關資訊的人，「想在美國生活」的心情或許很強烈，那麼設定「移居美國」的目標並正式著手進行，也是不錯的選擇。

相反的，如果只是在看一些無關緊要的資訊，應該就能做出判斷，砍掉這些白白浪費的時間。毅然地下定決心「晚餐後不看社群網站」、「回家後不看電視」、「把因此多出來的時間用來閱讀」，也是一種做法。

過度輸入的人要挑戰輸出

許多人因為太過熱心於輸入，而愈來愈少輸出的時間。有些人從國中、高中到大學一直都在學英文，踏入社會後也購買廣播英語節目的教科書等，每天都在聽節目自學，卻因為沒有自信而不製造說英語的機會。明明喜歡閱讀、讀了大量的書，卻沒有任何輸出的，也是大有人在。

如果身懷著好不容易輸入的知識和資訊，試著尋找輸出的機會，不是滿好的嗎？午餐時間到異國料理餐廳吃飯，製造機會跟店員說英語，把閱讀心得發表在網路上，把看電影的感想告訴朋友，什麼都可以試著做做看。

在工作上總是被追著要輸出的人，若是把部分工作交給後輩或同事，騰出一些輸入的時間，更有可能提高團隊整體的生產效率。在思考企畫案時，換成進行別種輸出，也有同樣的效果。

在工作中，有一些瑣事既不算是輸入也不是輸出的時間。把瑣事全都攬下來做的人，有必要思考一下不被瑣事追著跑的工作機制。此外，考量到成本效益，把部分瑣事外包也是一種方法。

午休時間金小姐總是在念書。
輸出派——高先生
啊，她在看英文報紙。
輸入派——金小姐
金小姐，你看得懂英文報紙嗎？好厲害喔！
啊…對，前陣子我考過了英檢一級…
哇嗚！我真是有眼不識泰山，這種事應該讓更多人知道才行啊！太可惜了！
啊…沒有啦…讓大家知道多不好意思…
讓擅長「傳遞資訊」的我，來傳授你一個好方法！
呃…真的啊？那我們來試試看好了…
隔天早上
everybody come on
yoh~ yoh
咚呲咚呲
哇…
前輩超棒的！
金小姐，你怎麼了？
我終於打破了自己的框架！
喂，太超過了啦！
你對金小姐做了什麼？
咦？我覺得結果是好的啊！

如果能把兩個人的各一半組成一個人，就剛剛好了！
呵呵
哎呀，這種事怎麼可能啊！
哇哈哈

第六章

運用 NLP 輕鬆學習

6-1 學習的五個階段

理解學習有五個階段

最終目標是要能夠教導別人

在NLP理論中，認為學習有五個階段。致力於學習的人，重要的是掌握現在的自己處於哪個階段，並以下一個階段為目標。

❶無意識的無能（不知道也做不到）

這是指不知道該做什麼，也不理解該怎麼做才好的狀態。以騎自行車的狀態來思考，就是處於連「騎自行車」這個行為都不知道的階段，當然就不會騎。

❷有意識的無能（知道但做不到）

這是指雖然知道該做什麼卻做不到的狀態，就像具備了該怎麼騎自行車的動作知識，但還無法實踐的階段。

光是讀了「如何騎自行車」的書，也無法立刻就能掌握怎麼騎。然而，關於學習和工作，人們有時光是透過讀書獲取了知識，就以為自己學會了，而不採取任何行動。不光是理解，實踐之後所得到的東西，才是學習的本質。

❸有意識的有能（能做到但很勉強）

這是指在理解該做的事的同時，只要集中精神就能做到的狀態。大概就是雖然已經學會騎自行車，但還是騎得搖搖晃晃不穩定的感覺。這是需要不斷累積騎車經驗以增加信心的時期。

學習也是一樣的道理。重要的是不放過任何一個出錯的地方，一直複習到學會為止。

❹無意識的有能（已經學會）

這是指不必特別意識到該做的事，就能做到的狀態，是已經熟練的階段。不必意識到具體的動作，就能理所當然地踩著自行車。到了這個階段之後，也產生了自信，能感到充實地投入其中。

❺ 無意識的有能，加上有意識的有能（能夠教導別人）

這是指能有意識地理解到自己在不知不覺中就能做到的狀態。到達這個階段後，不只自己做得到，還能指導別人。

即便是自己能暢行無阻騎自行車的人，在教小孩騎車時的水準卻是千差萬別。就算是聰明的東京大學學生，擔任家教是否優秀又另當別論。

我以前曾經教導過來到日本的外國人怎麼使用筷子。平時順理成章在使用的筷子，在面對外國人時，必須先讓他們理解這是一個什麼用途的道具。

然後，手指的運用方式和手的動作，也都必須一一化成語言才能傳達。當然，不僅要正確地傳達，目標是對方能夠學會使用筷子。

像這樣**超越了只是知道、能夠做到的層級，到達能夠教導別人的程度之後，學習的程度才會更深入。**

嗯嗯…
原來如此
咦，你在休息時間念書？
真好學！
啊，店長
我只是先塞進一些知識，還沒辦法實踐…
也就是你現在處於「有意識的無能」的階段，是吧！
咦？有意識的…那是什麼？
有一個指標是「用來表示學習深度的階段」
⑤無意識的有能加上有意識的有能（能夠教導別人）
④無意識的有能（已經學會）
③有意識的有能（能做到但很勉強）
②有意識的無能（知道但做不到）
①無意識的無能（不知道也做不到）
啊，真的耶！
很淺顯易懂的分類，對吧！
要深入理解到能夠教導別人…
重要的是意識到自己現在處於哪個階段。
我懂了，不要著急，總之以④為目標。
嗯，加油！

6-2 視線解析❷

意識到優位感覺，創造「學習成果」

巧妙利用視線的方向

我們在學習某樣事物時，會閱讀教科書或撰寫筆記等，通常是仰賴視覺資訊的機會較多。

人類在運用視覺時，視線通常是往「上」走。尤其在回想、記憶時，會傾向往自己的「左上方」看，而在組織、創造時，視線則傾向往「右上方」看。

當有人問你「昨天吃了什麼？」時，大多數的人都會往左上方看，一邊回想「吃了什麼……」，一邊搜尋腦海中的記憶。根據這個原理，**在記憶資訊時，把資訊置於「左上方」的話，就會更利於記憶。**

舉例來說，**在參加講座或聽課時，如果坐在「面向講臺右側的座位」，就會有**

更容易記得聽講內容的效果。此外，把想要背下來的單字卡貼在書桌前方牆壁的「左上方」，也是一種有效的方法。

擴展視野的訓練

不過，關於視線的問題，容易看見及不容易看見的方向往往因人而異。為了確認這一點，你可以在頸部與下巴不動的狀態下，讓眼睛的位置從時鐘零點的方向開始，順時針往十二點繞一圈，相反方向也繞一圈。然後請家人或朋友幫忙觀察你的眼睛轉動的樣子。

每個人應該都有眼睛無法順暢轉動的地方，或是忍不住就停下來的地方。閱讀教科書或文件時，那個方向就是資訊容易飄離的地方。換言之，無法順暢向下轉動的人，通常記不住教科書或文件下方的內容。

為了消除容易看不到的視線，運用手指是有效的方法。**一邊用指尖引導，一邊讓眼睛繞一圈，眼睛的轉動就會變得順暢。應用這個原理，在閱讀教科書時，**

可以用筆或手指點讀。

如此一來，就能順暢地跟上文字，也能減少不小心跳過的部分。

平常就練習一邊看著手指，視線按∞的字形轉動，也是有效的方法。當視野變廣時，觀察度測（參照52頁）時也會更順手。

我過去只遇過一個視線轉動非常靈活的人。我請教了對方原因，他說：「我從小就開始練習轉動眼球。」

與視線動向完全兩回事的另一個問題是，在閱讀文章方面可分成兩種人，有一開始想要先掌握整體的人，以及在一開始時就想要從細節開始閱讀的人。前者會先讀文章的開頭與結尾，或是只讀粗體字的部分，試圖理解整體。另一方面，後者則是不從頭讀到尾的話就無法理解。

哪一種比較占優勢，或是哪一種學習法比較適合，都是因人而異。但**一般而言，先掌握整體的人比較容易看到目標。**

速讀就是一邊大致掌握整體，一邊讀取資訊的手法。**容易卡在細節的人，不妨試著認識能拓展視野、從整體開始掌握的方法。**

其實是運用所有感覺在學習

你記不記得小時候曾經聽過以下的說法：

「人家在說話時，要好好看著對方，仔細聽、點頭。」

「用心看，念出來，寫下來。」

每個人都經歷過各種感覺都很敏銳的時期，但也因為外在環境的種種影響，後來不知不覺就變成習慣用自己的優位感覺投入學習。

在學習時，不妨試著確認一下自己比較常活用哪一種感覺。

▼關於所有的學習

閱讀文字、圖表，然後製成圖表。

聽取口頭說明，聽課，與他人討論。

實際做做看，製作卡片或筆記。

▼學習英語等的拼字或漢字時

浮現眼前（英語等的拼字是以長度，漢字的話則以部首為中心）

發出聲音（音調與節奏）

寫下來（用筆記或用手指點讀）

▼記憶時

不斷重複書寫以幫助記憶

不斷重複發出聲音以幫助記憶

不斷重複操作以幫助記憶

其實，**不只是運用某一種特定的感覺，而是一邊運用優位感覺，一邊併用其他的感覺，才能促進更全面性的學習。**此外，在會議中或討論時活用這個方法，就能順利地共享資訊，也更容易達成共識。

另外，與記憶有關的是，有時候也會活用香味。

運用指尖的輔助，就能
毫無遺漏地確認整體。

為了提高記憶力，坐在正對
講臺的右側是有效的方法。

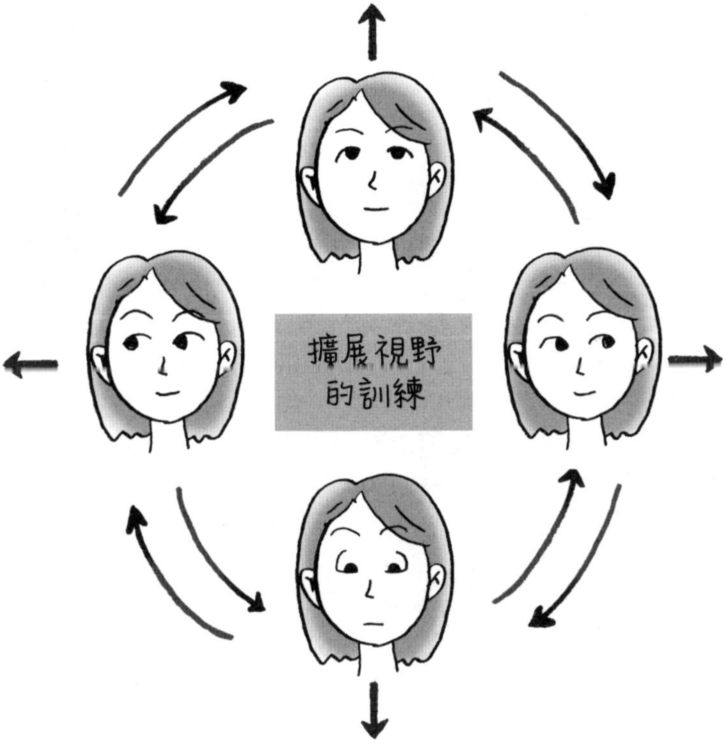

6-3 ABC遊戲

一掃學習時的鬱悶狀態

目標是無知狀態

提不起勁念書、明明很努力但成果就是不如預期……，為了擺脫這種鬱悶的情況，就必須改變狀態。

NLP理論中有個說法稱為「無知狀態」(know nothing state)。簡單來說，就是不東想西想、在無意識之下的平靜狀態。用日語來說的話，或許比較接近**「無的境界」**。

當處於無知狀態時，就會產生消除鬱悶的效果。

所謂的**「ABC遊戲」**能夠幫助你達到這個目的，遊戲的步驟如下：

首先，準備一張A4的白紙，在上面寫下英文字母A、B、C，一直到X、Y為止。

在每個字母底下，一一隨機寫下字母R、L或T。R是右（Right），L是左（Left），T是兩者（Total）的意思。

此時，使用寫第一排字母的同色筆來寫。

取得不受限的狀態

接著就是實際進行遊戲。站在離這張紙一公尺左右的地方。嘴上一邊念出A、B、C……，雙手依據每個字母下方的R、L或T做出動作。R的話就舉起右手，L的話就舉起左手，T的話就舉起雙手。

就算搞錯或卡住都沒關係。持續進行下去，不要介意。到了最後的Y之後，再回到A重複剛剛的步驟。

你可以更進一步從Y回到A等，以不同的順序繼續這個遊戲。

此外，你也可試試在R的時候舉起右手左腳，L的時候舉起左手右腳，T的時候舉起雙手跳一下。

每次都使用同樣的內容會養成習慣，所以每個字母下方的R、L和T的順序，可以打亂之後重新寫過。

重複這些步驟十至十五分鐘之後，就會讓你不再想多餘的事。換句話說，這能夠解除對大腦的限制，讓你變得不再受限。

最終，**你不但能忘記鬱悶的心情，也有助於以神清氣爽的狀態面對下一次的行動。**

類似「ABC遊戲」的練習有好幾個，據說運動選手為了集中精神時也會這麼做。若念書時面臨瓶頸，務必利用休息時間嘗試看看。

把紙貼與視線等高的牆上，站在離牆面一公尺左右的地方。
一邊念出字母，一邊做出字母下方文字的動作。
「R」就舉起右手。「L」就舉起左手。「T」就舉起雙手。
直到 Y 結束之後，再次重複同樣的步驟。
等到能順暢進行之後，試著從左上往下，
或是 Y ⇨ X ⇨ W ⇨……⇨ B ⇨ A 相反的順序進行。
是一個十至十五分鐘的練習。

6-4 模式阻斷（Pattern Interrupt）

有效活用文字的顏色或大小

加上色彩的變化

用功念書的人常常會在教科書上畫線或做筆記，來幫助學習知識。

這時，不妨試著在使用的顏色上做些變化。

- **重要的關鍵字用紅色**
- **要掌握的重點用藍色**
- **需要複習的地方用綠色**

當各種顏色被賦予不同的意義之後，資訊的區隔就變得更明確，能夠減輕學習時的壓力。

各種顏色沒有絕對的作用，所以要使用什麼顏色都是個人的自由。每個人在選擇特定的顏色時，應該投射了自己對該顏色的印象。例如：

「紅色是熱情的感覺，所以代表重要。」

「藍色能讓人放鬆，所以代表療癒。」

只要按自己的方式設定顏色即可。

不過，這並不代表可以不分青紅皂白地一直增加顏色的種類。顏色種類太多，反而會讓腦袋變得混亂。

不習慣的人甚至會有「腦袋很疲憊」、「悶得喘不過氣」之類的感想，所以不妨訂出自己容易執行的原則。

試著豪爽地寫

此外，你不妨試著注意寫在筆記上的文字。

一般常說，文字會反映出書寫者的精神狀態。字寫得豪爽的人，精神上也很悠然自得。相反地，字寫得很小的人，通常有凡事較內斂的傾向。

甚至有些人寫在萬用手冊上的字，小到誰都看不清楚。這或許是「不想被任何人看見」、「想要隱藏自己」、「盡可能不想受到矚目」的心理所造成。

因此，**你可以試著大膽地把字寫大一點。光是這麼做就能讓你的心情產生變化，會有一種宛如破繭而出的心境。**

不要去想必須把字寫得很漂亮。比這個更重要的是，要毫無顧慮地寫，秉持一種寫到紙張外面也沒關係的心情。

當字的寫法改變時，就連對事物的解讀方法也會大幅地改變。

當你還不太上手的時候，**試著用比較粗的筆，或是寫在比平常更大張的紙或筆記本上，都是有效的方法。**

想像自己從刻板的框架中解放出來的樣子，有助於阻斷對自己而言不盡理想的模式。

嗯…再怎麼讀，
內容都進不去腦子裡…
寫太多字，手都痛了…
!
哪個哪個？我來幫你看看！
哇！密密麻麻的小字！這樣當然累積了一堆壓力。
你是不是覺得寫了一堆就是在念書？
這種時候，你可以把不同的重點用顏色來區隔！字的大小和間距也試著放大一點。
用顏色區分，把字寫大一點。
好，這感覺不錯。
喔？她正在做呢。
藝術就是爆發！
你看，你看
砰！
哎呀！
這再怎麼說都太超過了啊！

6-5 上推與下切 ❸
把資訊細分後，在短時間內集中學習

念書時，有時會被龐大的資訊量壓倒。為了消除這樣的狀況，其中一個方法就是活用卡片或索引貼紙來分類。

用卡片或索引貼紙分類

舉例來說，文化人類學者川喜田二郎所開發的ＫＪ法，就是利用卡片的代表性手法。

這是在收集資料後創造出新構想的分類法。把卡片分組，為各個組別命名，再逐一加上圖解或敘述。

此外，在念書時，先製作卡片再分類也是一個方法。

如果是社會保險勞務士的資格考試，大致的做法就是依照「勞動基準法」、「勞動安全衛生法」、「雇用保險法」等考試科目，**把應該記住的資訊分類**。

此外，在研討會等場合上活用索引貼紙，把「有疑問的地方」、「恍然大悟的地方」等，寫在不同顏色的索引貼紙上，也是一種做法。

針對有疑問的部分，隨後可以跟大家一起討論答案和分享經驗。透過這樣的方式，就**能一邊整理研討會的內容，一邊重新理解**。

這些都屬於歸類的活用之一（寫出來是下切，分享是上推）。

讓專注力持續

接下來要做的就是消化吸收這些細分之後的資訊，但歸根究柢，人類本來就無法長時間集中精神。有一種說法是人類專注力的極限是十五分鐘。

因此，開始念書之後，專注力只會愈來愈差。然後，在「只剩五分鐘就結束」的時候，專注力又會再度升高。

總之，在最初與最後的時段裡學習的內容，能夠記住的機率較高。**因此，讓**

學習時間有抑揚頓挫是有效的方法。

在學校上課時也一樣，總是以同樣的速度說話、聲調也平淡的老師，他上的課就不太會讓人留下印象，但是那種會在中間插入一些有趣的故事，或是營造放鬆時間的老師，就會讓人記憶深刻。

換言之，**你可以用串連許多零碎專注區間的感覺，來念書學習。類似於專注十五分鐘就設一個休息時間，短短一分鐘也行，再專注十五分鐘之後，再休息一下……這樣的感覺。**

設定為十五分鐘的話，應該比較容易集中精神。

說到「只能專注十五分鐘」，或許你會覺得自己似乎欠缺專注力，但不要害怕，試著重複短時間的專注。你可以在休息時間去上廁所或是喝杯茶，或是在原地活動一下身體、稍微改變一下姿勢，都能夠重振精神。

每隔十五分鐘就變換學習的主題，也是有效的方法。不妨多方嘗試，試著找出容易讓你集中精神的方法。

學生時代總是熬夜念書
期末考要在十名以內…
最後只有累壞而已，考試成績也不盡理想
睡眠不足、恍恍惚惚
期末考排名
30名
春莉
唉…
不過現在不會了，因為我發現了很厲害的學習法！
為了考取證照，
絕對不能重蹈覆轍。
把資訊細分後，用卡片或索引貼紙分組，加上圖解或敘述，讓應該記住的地方更明確！
這是A
這是B
不能漫無邊際地念，要有抑揚頓挫
好，再集中精神五分鐘後，
就休息一下…
喂喂，你已經睡了三十分鐘了耶！
呼～呼～

6-6 TOTE 模式

重複循環的有效學習法

用四個循環達成目標

當你設定了「合格考取證照」、「托益（TOEIC）超過〇〇分」等學習目標後，就要追求達成目標。

在NLP理論中有一個模式說明了到達成目標為止的過程，名為**「TOTE模式」**。

相信商務人士都很熟悉「PDCA循環」。它是一種透過不斷重複「Plan（計畫）⇩Do（執行）⇩Check（評價）⇩Act（改善）」這四個階段，進行業務改善的手法。只要把TOTE想成是與此類似的模式，應該就很容易理解。

TOTE是取**「Test（測試）⇩Operate（具體行動）⇩Test（測試）⇩Exit（出**

口）」這四個單字的字首所組成的，依序說明如下：

①Test（測試）：檢視現況與當初的目標是否一致。

②Operate（具體行動）：為了填補目標與現況之間差距的具體行動。

③Test（測試）：檢視具體採取行動後的結果，與理想中的結果是否相關。

④Exit（出口）：達成目標時往出口前進。

當目標與結果有所差距時，要摸索與前一次不同的方法，再回到O（具體的行動）。**以此循環重複幾次後，就能達成目標。**

重點在於獲得回饋

即便我們在教科書上學習了什麼技能，光是腦袋裡理解，並不等於學會。

這就跟讀了怎麼騎自行車的文章卻不會騎自行車是一樣的道理。實際做做看之後，可能經歷失敗或苦惱，才終於從「理解」變成「學會」。這就是TOTE模式的過程。**在TOTE模式裡沒有失敗，只有「回饋」**（參照228頁）。**若是有什麼進展不順利的話，試試別的做法就好了。**

煮馬鈴薯燉肉時，如果味道太淡了，就試著加點砂糖，然後再試吃看看，或是這次試著加醬油，當味道對了就完成，大概就是這樣的感覺。重要的是回饋。套用在學習上，試著寫一遍試題、接受模擬考試，錯的地方就再複習一次，再挑戰一次即可。

話說回來，在「重複」這層意義上，**抓準時機多次複習也很重要。**

人類總是在好不容易學會之後，過一陣子就忘記內容。根據「艾賓豪斯遺忘曲線」（The Ebbinghaus Forgetting Curve）的研究發現，人類對於記住的知識，在二十分鐘後忘記四十二%，一個小時後忘記五十六%，九個小時後忘記六十四%，一天後忘記六十七%。

我推薦的方法是，在學習完的十分鐘後全部重看一次，二十四小時內複習，三天後再複習一次。只要重複複習，確實記住的機率也會提高。

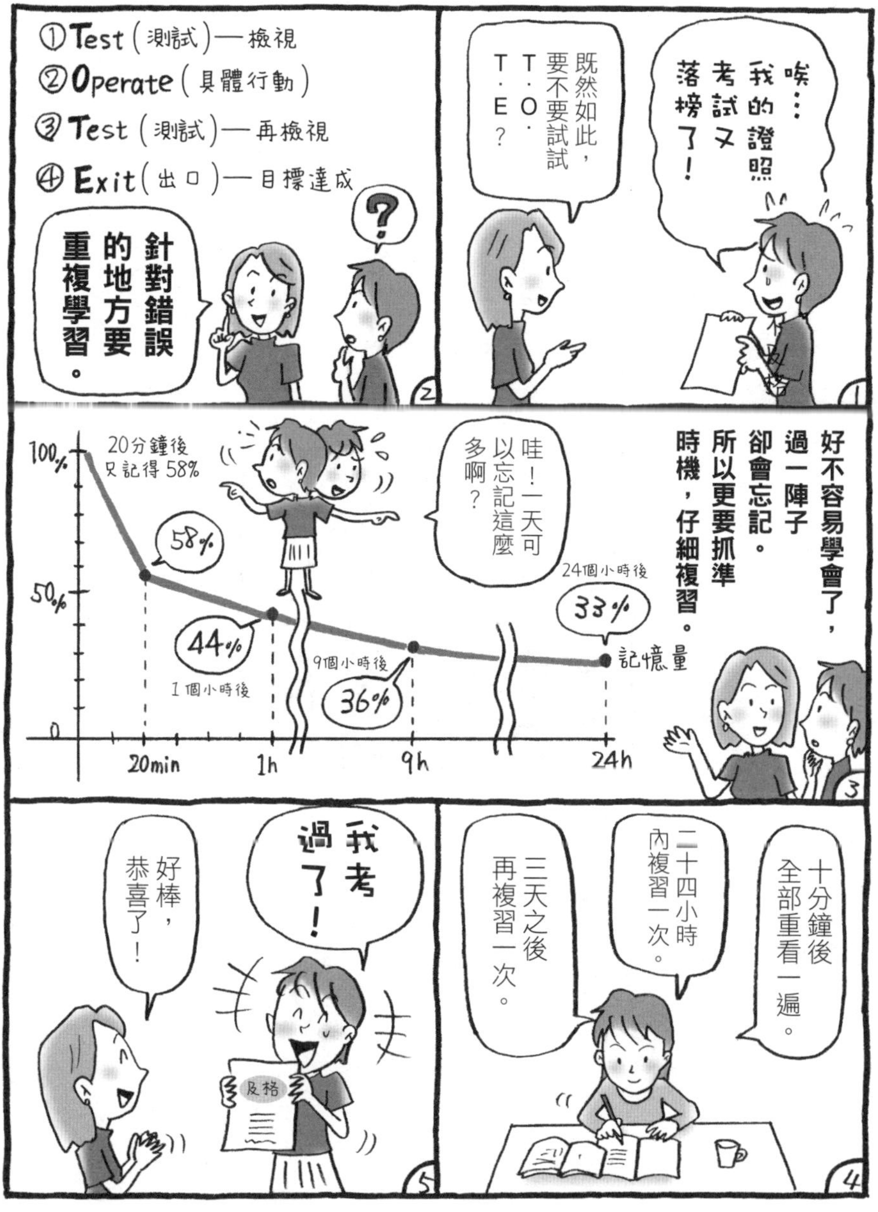
唉……我的證照考試又落榜了！
既然如此，要不要試試T．O．T．E？
①Test（測試）— 檢視
②Operate（具體行動）
③Test（測試）— 再檢視
④Exit（出口）— 目標達成
?
針對錯誤的地方要重複學習。
好不容易學會了，過一陣子卻會忘記。所以更要抓準時機，仔細複習。
哇！一天可以忘記這麼多啊？
100%
50%
0
20分鐘後只記得58%
58%
44%
1個小時後
9個小時後
36%
24個小時後
33%
記憶量
20min
1h
9h
24h
十分鐘後全部重看一遍。
二十四小時內複習一次。
三天之後再複習一次。
我考過了！
好棒，恭喜了！
及格

藝術就是爆發！
這再怎麼說都太超過了啊！
你看，你看
哎呀！
砰！

第七章

應用 NLP 豐富自我

7-1 潛意識訊號 ②
借助潛意識的力量，實現想做的事

接收到三次訊號就試著實踐

每個人都希望能夠投身在自己真正想做的、感興趣的事，並從中取得成果。

每天忙碌度日的人容易迷失自己，但潛意識在對感興趣的事物做出反應時，會出現一種訊號。

舉例來說，假設在潛意識裡不斷重複著「想去夏威夷」的內在對話，就可能會出現以下情形：

- **轉開看電視一看，剛好看到藝人在夏威夷旅行的畫面。**
- **點開朋友的臉書，發現對方上傳了在夏威夷旅行的照片。**

・隨意走進的餐廳裡，播放的正好是夏威夷音樂。

・休息時間，辦公室的同事說起了夏威夷旅行的回憶。

或許這些都是巧合，但接二連三地接收到夏威夷的資訊，說不定就是「想去夏威夷」這個潛意識的表徵。**我只要接收到三次以上的訊號，就會試著實踐。**

對可疑的訊號不會做出反應

不過，這其中也包含了可疑的訊號。

例如在看雜誌時，偶然翻到了夏威夷特輯的頁面。因為在雜誌上讀到的夏威夷介紹令人印象深刻，所以在隔天遇到同事時問對方：「你去過夏威夷嗎？」同事回答：「我曾經參加過火奴魯魯（Honolulu）馬拉松。」你聽了之後說不定會覺得：「我也曾經想要去跑一次火奴魯魯馬拉松。這或許是個訊號。」

然而，這有一半是「有意識地接收的資訊」，與真正意義上的訊號有些不同。

要用言語說明十分困難，但訊號的真偽只有自己能夠判斷。

身體對訊號做出反應時的感覺因人而異。有人覺得雀躍興奮，有的人則是身體莫名地感到溫暖。

或者有些人是指尖會動這種在特定部位會出現反應，無論何者，重要的是自己的內在能否實際感受到它是一個訊號。

在商業管理書籍裡，有些會建議「自己想做的事要向周遭人公開宣告」。的確有些案例是透過向大家宣告「我想去夏威夷」，就有人告訴你夏威夷的資訊，或是介紹有趣的旅行團，結果就更接近了實現夏威夷旅行的願望。

不過遺憾的是，也有可能因為公開宣告的內容，招來了意想不到的嫉妒，導致後續的發展事與願違。

這並非否定公開宣告這個行為，但投身想做的事時，必須因應狀況做出判斷。請記得透過潛意識訊號的反應，是可以確認此事的（參照119、142頁）。

透過身體對潛意識訊號的反應，
可以確認真正想做的事。

7-2

迪士尼策略（Disney Strategy）

從三個立場再次確認自己的夢想

夢想家、現實主義者與評論家

與56頁「改變立場」相同的另一個手法，就是所謂的「迪士尼策略」（Disney Strategy）。這是在分析華特・迪士尼（Walt Disney）的思考流程後所設計出來的。

所謂的迪士尼策略，是指針對某個問題從三個立場提出意見，以導出解決方案或結論的方法。

這三個立場包括了「夢想家」（Dreamer）、「現實主義者」（Realist）、「評論家」（Critic），說明如下：

・夢想家

談論夢想與希望的人可以自由自在地做夢，所以在他的想像中，想做的事全都可以實現，沒有任何障礙。

・現實主義者

為了實現夢想或目標而思考實際方法的人。思索「具體該怎麼做才好」、「在何時要如何執行」等問題，但並非正視現實而妥協之意。

・評論家

評論計畫、發現問題點的人。評論的對象不是夢想家或現實主義者，而是具體的計畫。

靈活運用三個立場

在平日的生活中，我們都不斷輪流使用這三個立場。沒有哪一個觀點比較重要，只是這三種要素的運用方法會因人而有比重上的不同。

舉例來說，夢想家要素少的人，總是從評論家的立場批判，有可能陷入夢想無法實現的模式。相反地，夢想家要素太強的人，不擅長擬定實際的計畫，有時可能遲遲無法採取行動。

因此，為了要維持三種要素的平衡並運用自如，可以進行以下的練習。

首先，準備三張椅子之類的場所，並將它們與三個狀態做連結。

當三個場所與狀態連結之後，移動至三個場所之外的中立立場（Meta Position），並在此決定未來的目標。

你先從夢想家的立場試著描繪目標實現時的景象，自由地提出構想。

接著，從現實主義者的立場擬定計畫，研究如何實現的步驟。

再從評論家的立場評論計畫，提出問題點。

然後，再度回到夢想家的立場，根據剛才的評論提出構想。**重複這樣的步驟直到達成共識為止。**

難以想像夢想家或評論家立場的人，不必刻意拘泥於迪士尼策略，不妨採用改變立場的做法。

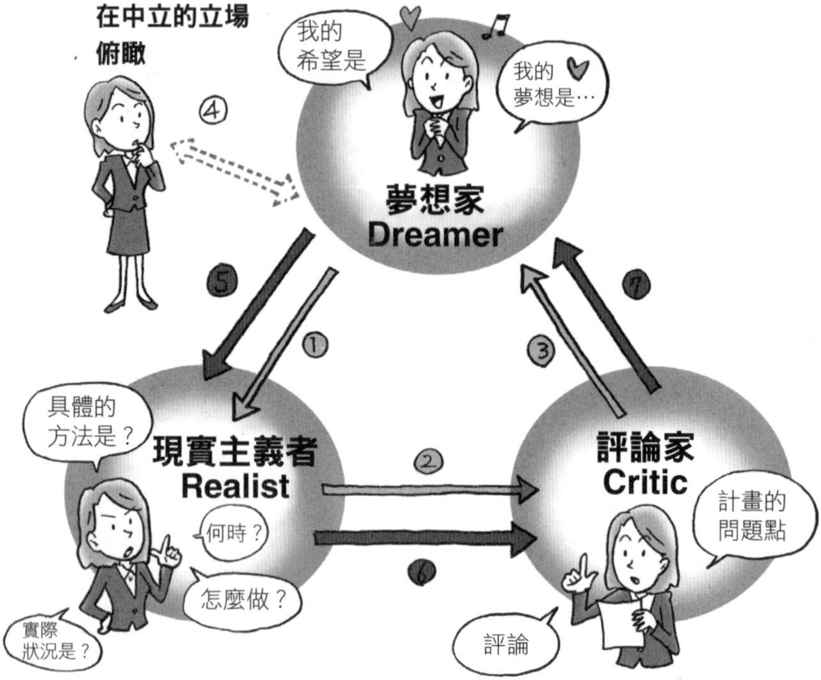

夢想家（Dreamer）：
談論夢想與希望，自由自在地做夢，在他的想像中，想做的事全都可以實現，沒有任何障礙。

現實主義者（Realist）：
思考實現夢想或目標的實際方法。計畫具體上在何時要如何執行等。並非向現實妥協的意思。

評論家（Critic）：
評論計畫、發現問題點。評論的對象不是夢想家或現實主義者，而是具體的計畫。

7-3 內在對話的效果

試著對自己說「謝謝」表達感謝

內在對話基本上是負面的

假設孩子在學校考了八十分回來，該怎麼對孩子說話，才能激發他的幹勁呢？

「你做得很好呢！為了下次也有好成績，你該做什麼好呢？」

「再加油一點，你不就能拿一百分了嗎？」

大部分時候，當有人對你說：「你做得很好呢！」自我肯定的感覺會強化，並萌生出想要更用功的意願。

與自己的對話也是一樣的道理。

回顧過去，有時負面字句一不小心就像喃喃自語般地脫口而出。

「那件事為什麼會失敗呢？」

「要是沒有發生那件事的話……」

「今天也是諸事不順。」

如果像這樣一直說些負面的話，心情也無法變得正面積極。要實現理想中的自己，就更難上加難了。

在無意識之中總是進行負面內在對話的案例很多，據說內在對話高達八成都是負面的字句。

對自己說感謝的話

內在對話會經由大腦對身心產生作用。**負面語彙會把自己引導到負面的方向。**

雖然要馬上停止在無意識中進行的內在對話有其難度，但我們能夠有意識地對自己說些正面的話。

回顧自己的過去，對自己說一些**「那個時候做得很好呢！」「有段時間你很努力啊！」**等鼓勵的話。過去的成功經驗會成為將來達成目標的資源。

「謝謝」這句感謝的話也很重要。晚上睡覺前，不妨試著對自己說聲「謝謝」感謝自己。

「今天一整天都很謝謝你！」

「雖然發生了很多事，但也算勉強過關。謝謝你！」

從頭頂到腳尖，要對自己的全身上下說，你可以想像成精華液遍及全身的感覺。然後，鮮明地想起自己成功時的情景，在愉悅的心情下就寢。

睡著之後，身心又能重新出發，再次用新的心情迎接明天。因此，在重新出發的就寢之前，養成幫自己補充愉悅能量的習慣，會是有效的方法。**總是對自己**

說感謝的話，潛意識的自己會做出反應，讓自己朝目標前進。

一般常說，在澆花時對它們說「謝謝」的話，花就會長得健康。同樣的，你也要像這樣為自己加油打氣，最終就能自然而然天天都朝向夢想行動。

工作上又不小心出錯了……
唉……
我這個人為什麼這麼糟糕啊…
真讓人沮喪…
跌倒了，
結果第二名…
沒關係，你做得很好，很棒喔！
這種時候，媽媽總是很溫柔地鼓勵我呢！
比起老是嘟囔著討厭的事
自己鼓勵自己就好啦！
今天一整天都很謝謝你…
明天也請多多指教…
早安，小麻雀！
今天也會有好事發生！

7-4 回饋（Feedback）理解凡事都「沒有失敗」

所有一切都是回饋

在朝夢想邁進的行動中，偶爾還是會出現事與願違的結果。不過，**在NLP理論中認為，所有事物都不存在失敗，一切都是「回饋」。**

所謂的回饋，不只是反省，還意味著根據結果發現該改善的地方等行為。

假設業務員J小姐向客人做商品提案，但未獲得顧客充分的理解，最後沒有簽訂契約。

一般來說都會對J小姐做出「失敗」的評價，**但在NLP理論中不會解讀成是失敗。當然，我們不樂見客戶拒絕簽約的這個結果，但NLP理論認為「被客戶拒絕」這個程式是成功的。**

原則上，所有程式都是成功的。

若把這件事解讀成失敗的話，人很自然就會放棄一切、停下腳步，不再有進一步的發展。然而，**從別的角度來看洽談不順利的結果，就能從中發現面對下次行動的線索。**

J小姐回顧第一次的提案後發現，由於自己太過熱心於說明產品，結果變成單方面在發言，讓客戶有些不知所措。於是，她在得到再度拜訪的機會後，專注於傾聽客戶的困擾之處，然後改變訴求，轉為針對客戶的困擾提供解決方案。結果，這次的提案獲得了客戶的滿意與理解，J小姐成功地贏得了合約。

J小姐第一次提案的回饋所得到的結果，就是成功簽訂合約，所以第一次提案就不能稱為失敗了。**果然，第一次提案也是「成功」的。**

凡事都有正面意圖

如同前文所述，在NLP理論中認為所有行為都有正面意圖。**即便在被視為**

失敗的行為或事件中，也一定能找出正面意圖。

舉例來說，戒菸失敗的人一定有無法戒菸的正面意圖。或許是因為抽菸能夠幫助他放鬆，也可能是他想要打發時間。

若是如此，找出抽菸以外能夠幫助放鬆的方法、打發無聊時間的方法並去實踐，就是一個解決方法。

如同J小姐的例子一樣，不管什麼事，在進展不順利時，都不要先斷定是「失敗」，試著從中發現一些回饋的心態更為重要。

活用失敗時的經驗。從這個觀點仔細思考的話，就能前進到下一個階段。換句話說，**活用回饋就能離夢想更近**。

在洽談生意時被拒絕
這個商品不行。
我們沒辦法跟你簽約。
唉…
至少見到面，對方也聽了我的提案。
在放棄之前試著回饋
該怎麼做才好呢？
嗯…
好像是我單方面說太多…
再約一次看看！
說話時，試著引導對方說出更多意見。
這個商品…
您的要求是？
我們的希望是…
如果是這樣的，希望能跟你們簽約。
您的意見是？
原來如此…
「發生過的事」是通往成長的踏板
事件

7-5 模仿（modeling）

模仿理想中的人，是通往夢想的捷徑！

最初從形式開始模仿

許多世界偉人或成功人士，都是透過模仿前人的豐功偉業，才達成新的豐功偉業。換言之，**想要實現某個夢想時的捷徑，就是模仿已經實現該夢想者的做法。這個手法稱為「模仿」（modeling）。**

請想起讓你覺得「我好想成為那樣的人」的仰慕對象。在模仿時，要以仰慕對象為典範。觀察那個人做什麼樣的動作，試著模仿同樣的動作。穿著和仰慕對象一樣的服裝也可以。

無論是才藝或運動，凡事都是從形式開始之後就能進展得很順利。總之，就從形式開始模仿。

模仿你所仰慕的人，會讓你有前所未有的發現，像是：「原來這樣做就好了啊！」進而讓你的能力得以開始發揮。光是正確地模仿對方的舉止，都能讓你獲益良多。

一般來說，最初都是從外在的部分開始模仿，更進一步的話，不妨也試著模仿內在的部分。

仔細觀察仰慕對象說的話，想像他是抱著什麼樣的心情在生活。然後，徹底成為你仰慕的人，說出他似乎會說出的話。若連內在部分都能模仿的話，就能離夢想更近。

發揮想像力

你模仿的典範可以是身邊職場上的前輩或上司，名人也行。如果你仰慕的是名人，徹底調查對方的經歷和過去的發言，也是很不錯的方法。

還有，不管有幾個典範都沒關係。

不必拘泥於「師父絕對只有一人」這樣的想法。總是處於戰鬥模式、工作時總板著一張臉的上司A、團隊討論時發言總是非常獨特的藝人B、說得一口漂亮英語的C等，可以因應狀況，靈活運用不同的典範。

重點是，想像典範的行為和發言，並實際執行。若要提案的話，就想像那個典範提案時的樣子，試著重現典範的一言一行。

重現的時候，巧妙地運用五感也是重點之一。

除了服裝、舉止等視覺要素之外，也要意識到語氣、聲調等這類聽覺要素，以及身體感覺和嗅覺等。

還有一種方法是，設定心錨以求能原貌重現。如果有一個開關能讓你像穿上玩偶裝那樣，在穿上的瞬間狀態就會改變的話，你應該就能徹底進入典範的角色，然後上場提案。

由於徹底進入典範角色的人，外貌看起來就儀表堂堂，就算有一點狀況也能面不改色。不妨從第三者的觀點眺望儀表堂堂的自己，並試著冷靜沉著地重現典範的舉止動作。

「學習要從形式開始」，不妨觀察別人的優點，試著模仿。
……
關於那件事
我們對於顧客的後續處理是…
總是冷靜且計畫周詳的資深大姐
總是注意周遭發生的事，時而嚴格，時而溫柔的領導者——部長
方小姐，關於□□公司的契約…
沒關係喔！別介意！
開朗有朝氣，總是逗人歡笑的開心果——新人
擷取大家的優點，讓我來快刀處理繁忙業務！
這個企畫書…
…的部分應該重新考量一下。
那個？
是在模仿我們？
好像是耶…
喔？感覺不錯咧！
你以為自己是演員嗎？
要模仿的是工作方式吧！
我有那麼輕浮嗎？
咳！
咦？我好像搞錯方向了…

主要參考文獻

《NLP 訓練手冊》（*NLP Trainer Manual*）／美國 NLP 協會

《在風中低語》（*Whispering In The Wind*）／卡門・克雷爾博士（Carmen Bostic St. Clair）與約翰・葛瑞德（John Grinder），J&C Enterprises 出版

《敞開心扉》（*Heart of the Mind: Engaging Your Inner Power to Change with Neuro-Linguistic Programming*）／康尼瑞・安德瑞斯（Connirae Andreas）、史提夫・安德瑞斯（Steve Andreas）著，酒井一夫譯，東京圖書（中譯版：《相信你能夠—自我心靈改造》，錢基蓮譯，中國生產力中心，二〇〇〇年十月二十五日）

《改變語言，就能改變生活》（*Change your Language: Change your Life*）／克莉絲汀娜・何（Christina Hall）著，大空夢湧子譯，VOICE

《全日本最簡單的 NLP 學校》／鈴木信市監修，秦社

《實務入門 NLP 的實踐手法解說》／山崎啓支著，日本能率協會管理中心

《NLP 超強溝通術：激發自我、完美溝通、成就未來》／加藤聖龍著，楊明綺譯，如果出版，二〇一〇年七月六日

《巧妙運用大腦與語言 NLP 的教科書》／前田忠志著，實務教育出版（中譯版：《實現夢想的 NLP 教科書：運用神經語言學，發掘自己的無限可能》，許乃至譯，世茂出版，二〇一三年十二月二日。）

漫畫圖解・立即可用的 NLP
——激發潛能、完美溝通、成就自己想要的未來
マンガでわかる！すぐに使える NLP

作　　者——藤川とも子
譯　　者——陳光棻
封面設計——呂德芬
內文設計——劉好音
特約編輯——洪禎璐
責任編輯——劉文駿
行銷業務——王綬晨、邱紹溢、劉文雅
行銷企劃——黃羿潔
副總編輯——張海靜
總 編 輯——王思迅
發 行 人——蘇拾平
出　　版——如果出版
發　　行——大雁出版基地
地　　址——231030 新北市新店區北新路三段 207-3 號 5 樓
電　　話——（02）8913-1005
傳　　真——（02）8913-1056
讀者傳真服務—（02）8913-1056
讀者服務 E-mail— andbooks@andbooks.com.tw
劃撥帳號 19983379
戶　　名 大雁文化事業股份有限公司
出版日期 2024 年 10 月 再版
定　　價 360 元
ISBN 978-626-7498-34-7
有著作權・翻印必究

"MANGA DE WAKARU! SUGU NI TSUKAERU NLP" by Tomoko Fujikawa
Copyright © Tomoko Fujikawa 2018
All rights reserved.
Original Japanese edition published in Japan by Nippon Jitsugyo Publishing Co., Ltd., Tokyo.

This Traditional Chinese edition is published by arrangement with Nippon Jitsugyo Publishing Co., Ltd., Tokyo in care of Tuttle-Mori Agency, Inc., Tokyo through Future View Technology Ltd., Taipei.

國家圖書館出版品預行編目資料

漫畫圖解・立即可用的 NLP：激發潛能、完美溝通、成就自己想要的未來／藤川とも子著；陳光棻譯. – 再版. – 新北市：如果出版：大雁出版基地發行，2024. 10
面；公分
譯自：マンガでわかる！すぐに使える NLP
ISBN 978-626-7498-34-7（平裝）

1. 溝通 2. 傳播心理學 3. 神經語言學 4. 自我實現

177.1　　113012676

如果